Mallanāga Vātsyāyana

Kāmasūtra

Tascabili Economici Newton

Saluto al Dharma, all'Artha e al Kama

All'inizio il Signore delle Creature creò uomini e donne e scrisse, raggruppandoli in forma di comandamenti, i precetti del *Dharma*, dell'*Artha* e del *Kama* in centomila capitoli, a cui questi dovevano attenersi per regolare la loro vita. Swayambhu Manu stilò i comandamenti del Dharma, quelli concernenti l'Artha furono compilati da Brihaspati, mentre Nandi, il seguace di Mahadeva, espose i comandamenti del Kama in mille capitoli.

Il *Kamasutra*, scritto da Nandi in mille capitoli, fu ridotto a cinquecento capitoli da Svetaketu, figlio di Uddvalaka; alla fine Babhravya, abitante di Ponchala, ricompilò i comandamenti del *Kamasutra*, in modo ancor più succinto riducendoli a centocinquanta capitoli.

Questi furono divisi in sette parti, con i titoli seguenti: I *Sadharana* (trattazione argomenti generali). II *Samprayogika* (amplessi etc.). III *Kanya Samprayuktaka* (l'unione di maschi e femmine). IV *Bharyaothi Karka* (la propria moglie). V *Paradarika* (le mogli degli altri). VI *Vaisika* (le cortigiane). VII *Aupamishadika* (l'arte della seduzione, la conoscenza di medicamenti, tonici, etc.)

La sesta parte del settimo capitolo fu scritta da Dattaka per esaudire le richieste delle cortigiane di Pataliputra e Charayana ne compilò la prima parte. Le altre, e cioè, la seconda, la terza, la quarta, la quinta e la settima parte furono scritte da: Suvarnanabha (seconda parte). Ghotakamukha (terza parte). Gonardiya (quarta parte). Gonikaputra (quinta parte). Kuchumara (settima parte).

Ma dato che l'opera risultava divisa in molte sezioni elaborate da autori diversi, era molto difficile riuscire a reperirla; inoltre gli argomenti trattati da Dattaka c dagli altri autori riguardavano ognuno la propria materia e la lunghezza dell'opera originale di Babharavya rendeva difficoltoso studiarla e capirla a fondo; Vatsyayana per queste ragioni compilò la sua opera riducendola in un volumetto, che riassumeva tutti gli scritti dei differenti autori.

1. PIANO DELL'OPERA

Parte prima: piano dell'opera - osservazioni preliminari
1. Contenuto dell'Opera. 2. Come conquistare le tre mete
terrene: virtù, ricchezza, amore. 3. Studio delle sessantaquattro
Arti. 4. Come disporre ed arredare la casa. Come il cittadino deve
vivere quotidianamente, quali devono essere le sue compagnie, gli
svaghi etc. 5. Le classi di donne adatte o meno al rapporto sessuale
col cittadino. I suoi amici, i suoi ambasciatori.

Parte seconda: l'unione sessuale
1. I diversi tipi di unione sessuale in rapporto alla misura,
all'intensità del desiderio e alla durata del coito. Diversi tipi di
amore. 2. L'abbraccio. 3. Il bacio. 4. Il premere e il segnare con le
unghie. 5. Il mordere. I diversi generi di unione praticata con
donne di differenti paesi. 6. I modi di sdraiarsi e i diversi tipi di
rapporto sessuale. 7. I modi di percuotere e i suoni adatti ad essi.
8. Come le donne assumono il ruolo di uomo. 9. L'*auparishtaka*, o
amplesso nella bocca. 10. Come iniziare e come concludere il
rapporto sessuale. I vari tipi di unione e i litigi amorosi.

Parte terza: l'acquisto di una moglie
1. Osservazioni sul fidanzamento e sul matrimonio. 2. Come
conquistare la confidenza della fanciulla. 3. Il corteggiamento e la
maniera di manifestare i sentimenti. 4. I modi dell'uomo per
conquistare una fanciulla. I modi di una fanciulla per attirare
l'uomo e soggiogarlo. 5. Le diverse forme di matrimonio.

Parte quarta: la moglie
1. Il modo di vivere di una donna virtuosa e il suo comportamento in assenza del marito. 2. Come deve agire la moglie più
anziana con le altre mogli e il modo di comportarsi delle più
giovani verso le anziane. La condotta di una vedova vergine in
seconde nozze; quella di una moglie non amata dal marito; le
donne dell'harem del re. Il comportamento del marito che ha più
mogli.

Parte quinta: le mogli altrui
1. Le caratteristiche degli uomini e delle donne e la ragione per
cui una donna respinge le attenzioni di un uomo. Gli uomini che
hanno successo con le donne. Le donne di facile conquista. 2.
Come riuscire a conoscere e attirare una donna. 3. I modi per
capire una donna e il suo animo. 4. I doveri della mezzana. 5.
L'amore degli uomini autorevoli per le mogli altrui. 6. Le donne
dell'harem del re e la maniera per conservarsi la propria moglie.

Parte sesta: le cortigiane
1. I motivi per cui le cortigiane devono frequentare gli uomini.
Come attirare l'attenzione dell'uomo desiderato e il tipo di uomo
che si vuole conoscere. 2. La cortigiana che convive insieme ad un
uomo come moglie. 3. I metodi per riuscire a far denaro. Come un

amante manifesta la propria stanchezza e come deve liberarsi. 4. Come riunirsi con un antico amante. 5. Vari metodi per guadagnare. 6. I guadagni e le perdite. I guadagni e le perdite simultanei. I dubbi. I diversi tipi di cortigiane.

Parte settima: i modi per attrarre gli altri
1. Come adornare la propria persona e soggiogare l'amante. Le medicine toniche. 2. I modi di eccitare il desiderio e per rendere più grandi le dimensioni del pene. Esperimenti molteplici e ricette.

2. COME RAGGIUNGERE IL DHARMA, L'ARTHA E IL KAMA

L'uomo, la cui vita può raggiungere all'incirca fino a cent'anni, dovrebbe praticare il Dharma, l'Artha e il Kama nelle varie fasi della sua vita, affinché trovino armonia fra di loro e non vengano a contrasto. L'infanzia è il periodo in cui l'uomo, studiando gli insegnamenti del Dharma, dell'Artha e del Kama, potrebbe assimilarne i concetti. Durante la giovinezza e la maturità dovrebbe dedicarsi ad applicare l'Artha tentando così di conseguire il Kama, da vecchio, invece, il Dharma, il *Moksa*, cioè la liberazione da una ulteriore trasmigrazione dell'anima. Per le vicende e le avversità della vita l'uomo spesso dovrebbe praticarli, ma soltanto quando è indispensabile. È molto importante però notare che egli potrebbe condurre l'esistenza di uno studente religioso solamente durante la formazione della sua educazione. Il *Dharma* è la sottomissione o obbedienza ai precetti dello *Shastra* o Sacra Scrittura degli Indiani: questi precetti implicano degli obblighi a compiere determinate azioni a cui l'uomo non dovrebbe sottrarsi, come adempiere ai sacrifici, che non vengono eseguiti da tutti gli uomini essendo pratiche che non generano effetti tangibili, e obblighi ad astenersi da altre azioni come ad esempio il mangiar carne, cosa che invece viene praticata da tutti perché appartiene a questo mondo e produce effetti evidenti. Per apprendere il Dharma sarebbe necessario leggere e studiare gli *Shutri* e altri testi simili. L'*Artha* costituisce l'acquisizione delle arti, la conquista della terra, dell'oro, del bestiame, il raggiungimento della ricchezza, il riunirsi degli equipaggi e degli amici. È la difesa stessa della conquista effettuata e l'accrescimento di quello che si è protetto.

Per imparare l'Artha sono essenziali gli insegnamenti degli ufficiali del re e dei mercanti molto esperti nel commercio.

Il *Kama* rappresenta il piacere, il godimento di determinati oggetti attraverso i sensi: l'udito, il tatto, la vista, il gusto e l'olfatto, sostenuti dall'intelletto in armonia con l'anima.

Tale piacere è dato dall'unione o contatto tra l'organo sensitivo e l'oggetto: il Kama non è che la consapevolezza che il soggetto ha del piacere procuratogli da tale contatto.

Per imparare il Kama l'uomo deve conoscere il Kamasutra e le leggi che regolano la vita del cittadino.

Nel momento in cui il Dharma, l'Artha e il Kama si congiungono, il primo risulta migliore del secondo, cioè il Dharma è migliore dell'Artha; l'Artha a sua volta è migliore del Kama.

Un re dovrebbe mettere in pratica i precetti dell'Artha per assicurare il sostentamento ai suoi sudditi. Le donne pubbliche invece dovrebbero preferire quelli del Kama; ovviamente esse costituiscono un'eccezione alla regola generale.

Prima obiezione. Alcuni dotti ritengono giusto trattare gli insegnamenti del Dharma in un libro, poiché trattano di cose appartenenti al mondo terreno; lo stesso per l'Artha, praticato soltanto applicando i mezzi adatti, che s'imparano unicamente studiando i libri. Il Kama invece non necessita di un apposito studio, dato che anche il mondo animale lo pratica.

Risposta. Non è vero. Poiché l'unione sessuale è un atto che dipende dall'uomo e dalla donna, richiede la conoscenza e l'applicazione dei mezzi adatti, che possono essere appresi solo dal Kamasutra. Osservando il mondo animale, ci accorgeremo che tali mezzi non vengono applicati. Ciò avviene perché gli animali non si pongono alcun limite, e perché le loro femmine possono avere rapporti sessuali solo in certi periodi. Inoltre c'è il fatto che la loro unione sessuale non comporta un coinvolgimento psicologico.

Seconda obiezione. I Lokayatika dichiarano: «Non rispettare i precetti religiosi perché i loro frutti verranno solo nel futuro ed è inoltre cosa incerta che ne produrranno. Qual è quel folle che vorrà dare a un altro ciò che è nelle sue mani? Inoltre tutti sanno che è meglio un uovo oggi che una gallina domani, meglio una moneta di rame il cui possesso è certo, di una moneta d'oro il cui possesso è incerto».

Risposta. 1. La Sacra Scrittura prescrivendo la pratica del Dharma, non permette nessun dubbio. 2. I sacrifici offerti per la distruzione dei nemici e per ottenere la pioggia hanno dato frutti. 3. Il sole, la luna, le stelle, i pianeti e gli altri corpi celesti appaiono ruotare in modo preordinato per il bene del mondo. 4. L'esistenza del mondo deriva dall'adempimento delle norme riguardanti le quattro classi sociali degli uomini e le quattro fasi della loro vita. 5. Si semina con la speranza di ottenere raccolti futuri. Vatsyayana afferma che bisogna osservare i precetti religiosi.

Terza obiezione. Coloro che ammettono che il destino sia la forza motrice di ogni cosa affermano: «L'uomo non deve affannarsi per raggiungere la ricchezza: spesso, infatti, essa non viene raggiunta nonostante gli sforzi, altre volte invece, in modo inatteso giunge. Ogni cosa viene dunque decisa dal destino, dio del guadagno e della perdita, della vittoria e della sconfitta, della gioia e del dolore. Come esempio possiamo ricordare il demone Bali, che fu messo dal destino sul trono del dio Indra e dal destino fu detronizzato, e soltanto il destino potrà ripristinarne il potere».

Risposta. Tali affermazioni sono inesatte. Poiché, infatti l'uomo deve cercare di raggiungere tutte le mete, bisogna che applichi i mezzi opportuni per riuscirvi; per tale motivo l'uomo che non lotta non godrà mai di nessuna felicità.

Quarta obiezione. Tutti coloro per i quali l'Artha è la cosa più importante da acquisire, dichiarano che la ricerca del piacere non è che un ostacolo alla pratica del Dharma e dell'Artha, considerati superiori a quei piaceri che le persone rispettabili disprezzano. Il piacere inoltre facendo cadere l'uomo in disgrazia e ponendolo in relazione con persone volgari, lo induce a commettere atti osceni, rendendolo impuro, incurante del futuro, negligente e sconsiderato e alla fine rifiutato e disprezzato dagli altri.

È noto a tutti che gli uomini dediti solo al piacere hanno portato alla rovina non solo se stessi, ma le famiglie e gli amici.

Ciò accadde al re Dandakya, della dinastia Bhoja, che, avendo rapito la figlia di un bramino per un perfido scopo, rovinò se stesso e perdette il regno. Anche il dio Indra, che aveva violato la purezza di Ahalya fu castigato per la sua colpa. E così pure furono puniti Kichaka che cercò di sedurre Draupadi, e Ravana che tentò di soggiogare Sita. Questi e molti altri si rovinarono per la smania di piaceri.

Risposta. Questa obiezione è inesatta, dato che il piacere è necessario all'uomo, procurandogli gli stessi benefici del cibo; esso inoltre è l'applicazione del Dharma e dell'Artha. Bisogna dunque accostarsi ai piaceri con rispetto e moderazione. Nessuno si astiene dal cucinare il cibo perché ci sono i mendicanti che lo chiedono, e nessuno evita di seminare il grano per la paura che venga distrutto dai cerbiatti una volta cresciuto.

Così all'uomo che si attiene ai precetti del Dharma, dell'Artha e del Kama è concesso di godere la felicità in questo mondo e nell'altro. Il giusto compie quelle azioni che non produrranno conseguenze negative per la sua buona esistenza e per l'aldilà. Bisogna compiere tutte quelle azioni che conducono alla pratica contemporanea del Dharma, dell'Artha e del Kama, oppure di due o anche di una sola di esse; non devono essere compiute invece quelle che avvengono a discapito delle altre.

3. ARTI E SCIENZE DA STUDIARE

L'uomo non deve studiare solo scienze e arti indicate nel Dharma e nell'Artha, ma anche quelle del Kamasutra. Anche le fanciulle devono studiare arti e scienze che riguardano il Kamasutra prima del matrimonio e continuare anche dopo col consenso del marito. Alcuni esperti affermano invece che le donne non dovrebbero studiare il Kamasutra dato che non sono ammesse a nessuna altra scienza. A ciò Vatsyayana risponde che esse possono studiarlo perché la pratica del Kamasutra deriva dal *Kama Shastra*, ossia scienza del Kama. Inoltre accade spesso che nonostante tutti conoscano una scienza, solo pochi ne conoscono davvero i precetti e le leggi. Gli Yadnika o sacrificatori, ad esempio, adoperano termini appropriati quando si rivolgono alle differenti divinità, anche se non conoscono né le regole della grammatica, né la formazione dei termini. Similmente molte persone, pur non avendo mai imparato la scienza dell'astrologia, compiono i doveri prescritti nei giorni favorevoli da essa stabiliti. E ancora i cavalieri che montano i cavalli e gli elefanti li addestrano senza conoscere la scienza dell'allevamento, favoriti solo dalla pratica. Allo stesso modo gli abitanti delle province più lontane rispettano ed obbediscono alle leggi vigenti nel regno soltanto per consuetudine e per deferenza al re che li governa.

Sappiamo che le figlie dei principi e dei loro ministri e le donne pubbliche conoscono le leggi del Kama Shastra e ne sono esperte. La donna deve apprendere il Kama Shastra, almeno in parte, imparandone la pratica da qualche amico intimo. Deve studiare da sola o in privato le sessantaquattro arti che compongono una parte del Kama Shastra. Essa può apprenderlo dalla figlia della nutrice cresciuta insieme a lei e già sposata; oppure, da un'amica molto fidata; o dalla sorella della madre; o da una vecchia domestica; o da una mendicante vissuta in famiglia; o da una sorella di cui ci si possa fidare.

Ecco le arti che si devono studiare insieme al Kamasutra: 1. Cantare. 2. Suonare strumenti musicali. 3. Danzare. 4. Cantare e nello stesso tempo suonare uno strumento. 5. Scrivere e disegnare. 6. Fare i tatuaggi. 7. Ornare un idolo con fiori e riso. 8. Stendere e approntare letti o giacigli con fiori e cospargere di fiori il pavimento. 9. Colorare denti, indumenti, corpi, unghie, cioè tingere, dipingere e dare il colore. 10. Fissare sul pavimento i vetri dipinti. 11. L'arte di fare i letti e stendere tappeti e cuscini per giacere. 12. Suonare sui vetri armonici ripieni d'acqua. 13. Immagazzinare acqua in vasche, cisterne e serbatoi. 14. Dipingere quadri, ornamenti e decorazioni. 15. Infilare rosari, collane e ghirlande di fiori. 16. Legare turbanti e corone, fare pennacchi e nastri di fiori. 17. Fare rappresentazioni sceniche e teatrali. 18. Preparare ornamenti per le orecchie. 19. Preparare profumi e aromi. 20. Disporre sugli abiti gioielli, decorazioni e ornamenti. 21. Conoscere magia e stregoneria. 22. Essere abili e svelte. 23. L'arte del cucinare. 24. Preparare limonate, sorbetti, bevande, liquori, estratti aromatizzati e colorati. 25. Tagliare e cucire. 26. Confezionare pappagalli, fiori, fiocchi, segnalibri, mazzi, ornamenti in rilievo, pomi con filo e stoffa. 27. Risolvere indovinelli, enigmi, discorsi sottintesi, giochi di parole e rompicapo. 28. Il gioco del ripetere versi. Appena una persona ha finito un verso, un'altra deve iniziare a recitarne un altro che cominci con la stessa lettera con cui il primo è terminato. Paga una penitenza e perde il gioco chi ha commesso un qualsiasi errore nella ripetizione. 29. Arte della mimica. 30. Leggere con cadenza e intonazione. 31. Studio delle frasi dalla pronuncia difficile. Il gioco è adatto per donne e bambini e consiste nel dire una frase difficile che detta rapidamente può dar luogo a trasposizione di parole e a cattiva pronuncia. 32. Conoscere l'uso della spada, del bastone singolo, del bastone che s'impugna a metà lunghezza come un pugnale, dell'arco e delle frecce. 33. Saper dedurre conclusioni, discutere, argomentare. 34. Fare lavori di falegnameria. 35. L'arte della costruzione o architettura. 36. Conoscere le monete d'oro e d'argento, i gioielli e le pietre preziose. 37. Chimica e mineralogia. 38. Colorazione dei gioielli, delle pietre preziose e delle perle. 39. Conoscere miniere e cave. 40. Giardinaggio: conoscere l'arte di far crescere piante e alberi, il modo di nutrirli e di stabilirne l'età. 41. L'arte del combattimento dei galli, delle quaglie e dei montoni. 42. Insegnare a parlare ai pappagalli e agli stornelli. 43. Ungere il corpo con profumi, pettinare e profumare i capelli e intrecciarli. 44. L'arte di comprendere le scritture cifrate e quelle con parole particolari. 45. L'arte di parlare cambiando forma alle parole. Quest'arte comprende metodi diversi: alcuni parlano cambiando l'inizio e la fine delle parole, altri aggiungendo alcune lettere tra le diverse sillabe della parola. 46. Conoscere le lingue e i vari dialetti. 47. L'arte di fare carri di fiori. 48. L'arte di comporre diagrammi spirituali, fare magie, incantesimi e bracciali con poteri magici. 49. Esercizi mentali, come completare strofe e poesie iniziando da una loro parte; sostituire dei versi prendendoli indistintamente da poesie diverse in modo da comporne una intera e dal significato ben definito. Accordare le parole di una poesia disposte irregolarmente, separando le vocali dalle consonanti o tralasciandole del tutto, oppure tradurre in versi e in prosa frasi rappresentate da simboli. Esiste una grande varietà di esercizio di questo genere. 50. Comporre poemi. 51. Conoscere dizionari e vocabolari. 52. Conoscere come cambiare e mascherare l'aspetto delle persone. 53. Conoscere l'arte di cambiare l'aspetto delle cose, facendo apparire il cotone come seta, così da rendere belle e buone cose comuni e banali. 54. Conoscere i diversi modi di giocare d'azzardo. 55. L'arte di impossessarsi di proprietà altrui con mantra e incantesimi. 56. Abilità negli sport giovanili. 57. Conoscere le consuetudini sociali e il modo di rendere omaggio e fare complimenti. 58. Conoscere l'arte della guerra, delle armi e degli eserciti. 59. Conoscere la ginnastica. 60. L'arte del comprendere il carattere di un uomo dall'aspetto esteriore. 61. L'arte dello scandire e comporre versi. 62. Giochi aritmetici. 63. L'arte di preparare fiori artificiali. 64. Saper realizzare figure e ritratti con la creta.

Una donna pubblica esperta nelle arti sopraelencate e dotata di qualità, come un'ottima inclinazione, bellezza e altri pregi, è chiamata *Ganika*, ossia donna pubblica di alto livello; le viene assegnato un posto d'onore in un'assemblea di uomini colti e dato che tutti ricercano i suoi favori, ottiene il rispetto e l'ossequio generale. Persino la figlia di un re o di un ministro, conoscendo queste arti, può diventare la favorita di suo marito, anche se possiede mille altre mogli. Così pure una moglie che si separi dal marito e cada in povertà, può provvedere a se stessa grazie alla conoscenza delle arti, anche vivendo in un altro paese. La conoscenza di tali arti contribuisce a dare fascino alla donna, sebbene si possano praticare solo in circostanze ben determinate. L'uomo esperto in queste arti, facondo e galante riesce a conquistare in breve tempo il cuore delle donne, anche se la loro conoscenza dura da poco tempo.

4. LA VITA DI UN CITTADINO

Un uomo, dopo avere appreso quest'arte, dovrebbe divenire padrone di casa e vivere da cittadino, sostenuto dalla ricchezza ottenuta per mezzo di conquiste, acquisti, depositi, eredità o doni. Egli dovrà scegliere e comperare una casa in una città o in un gran villaggio, posta in un luogo molto frequentato e vicino ad abitazioni di uomini importanti. Essa dovrà essere vicino ad un corso d'acqua, divisa in varie parti adibite a differenti scopi. Circondata da un giardino, dovrà avere due stanze, una interna e una esterna. Nella prima vivranno le donne, in quella esterna, invece, profumata da ricche essenze, si dovrà porre un letto morbido e bello, ricoperto di un panno bianco, basso nella parte centrale, circondato da ghirlande di fiori, sormontato da un baldacchino, e munito di un cuscino per la testa e uno per i piedi. Vicino al letto dovrà esserci una sorta di giaciglio con uno sgabello su cui saranno messi profumati unguenti per la notte, fiori, piccoli recipienti contenenti collirio e altre sostanze odorose, aromi per profumare la bocca, e la corteccia di un albero di cedro. Sul pavimento, vicino al letto, dovranno esser messi un recipiente per sputare, una scatola contenente ornamenti, un liuto ricavato dal dente di un elefante, appeso a un piolo, una tavola per disegnare, un vasetto contenente profumo, qualche libro e corone di fiori gialli. Non lontano dal giaciglio dovrà essere posta una sedia tonda e un tavolinetto per giocare a dadi. Fuori della stanza esterna dovranno trovarsi gabbie di uccelli e un luogo seperato dove praticare passatempi come la filatura, la scultura e altro. Nel giardino dovrà esserci un'altalena girevole e una comune, comodi sedili posti sotto un pergolato di piante rampicanti ricoperto di fiori.

La mattina, dopo essersi alzato e aver espletato le proprie esigenze naturali, il padrone di casa dovrà lavarsi i denti, ungere, profumare il corpo, adornarsi, mettere il collirio sulle palpebre e sotto gli occhi, colorare le labbra con alacktaka e infine guardarsi allo specchio. Inoltre, prima di dedicarsi alle proprie occupazioni giornaliere, mastichera delle foglie di betel unite ad altre sostanze, per profumare l'alito. Il padrone di casa fara il bagno ogni giorno, ungera il corpo a giorni alterni e ogni tre giorni si cospargera con un preparato schiumoso. Dovra inoltre radersi la testa e il viso ogni quattro giorni e ogni cinque o dieci giorni le altre parti del corpo; avra anche cura di togliere dalle ascelle il cattivo odore. Nessuna di queste azioni dovra essere mai rimandata. I pasti, secondo Charayana, si dovranno consumare nella mattinata, nel pomeriggio, e nella nottata. Dopo la prima colazione, il padrone di casa dedichera un poco del suo tempo ad insegnare a parlare ai pappagalli e altri uccelli, ad addestrare al combattimento galli, quaglie e montoni. Dovra inoltre dedicarsi agli svaghi con *Pithamarda*, *Vita* e *Vidushaka* e nel pomeriggio dovra riposare. Al risveglio, il padrone di casa dopo essersi vestito e adornato, ricevera e fara conversazione con i suoi amici, attendera l'arrivo della donna desiderata nella sua stanza abbellita e profumata, dopo averle mandato una messaggera oppure essere andato di persona. Quando la donna arrivera, il padrone di casa e i suoi amici dovranno salutarla, darle il benvenuto e conversare con lei piacevolmente.

Cosi hanno termine i doveri quotidiani del padrone di casa.

Le cose seguenti sono quelle che vengono fatte occasionalmente e come diversivo: 1. Organizzare feste in onore delle divinita. 2. Riunioni di societa di entrambi i sessi. 3. Gite in campagna. 4. Altri svaghi di societa.

Feste. Un'assemblea di cittadini dovra essere convocata nel tempio della dea Saraswati, in particolari giorni fausti, per esaminare l'abilita dei cantanti conosciuti e di quelli arrivati in citta da poco tempo, per poi ricompensarli il giorno seguente. Dopo tale esame, i cantanti, secondo il parere dell'assemblea, saranno assunti o licenziati. Tutti i componenti dell'assemblea dovranno esprimere il loro giudizio, in pieno accordo fra loro, sia in tempi di prosperita che di miseria, e inoltre accogliere ospitalmente gli stranieri giunti per l'assemblea tenendo fede ai loro doveri di cittadini. Bisognera attenersi a tale regola di ospitalita anche in tutte le altre feste dedicate alle diverse Divinita.

Riunioni sociali. La riunione sociale e un incontro amichevole durante il quale conversano piacevolmente uomini della stessa eta, dello stesso ceto, che hanno medesime disposizioni naturali, la stessa educazione e amano i medesimi svaghi. Essa avviene in un'assemblea di cittadini, o nella casa di qualcuno di loro e in compagnia di una donna pubblica. I soggetti di cui si parlera saranno: il completamento delle poesie non terminate e l'analisi del livello culturale dei singoli membri. Alle donne piu belle che hanno gli stessi gusti e che col loro fascino attraggono le menti degli altri, verranno resi gli omaggi di coloro che prendono parte alla riunione.

Ricevimenti. Durante i ricevimenti si berranno liquori amari e aciduli come il *Madhu*, l'*Aireya*, il *Sara*, l'*Asawa* e bevande estratte dalla corteccia di alberi, frutti selvatici e foglie. Uomini e donne potranno bere l'uno nella casa dell'altro; agli uomini sarà permesso invogliare le donne a bere e bere quindi anch'essi.

Andare ai giardini o in campagna. Nel corso della mattinata, gli uomini andranno a passeggio nei giardini, a cavallo, insieme alle loro cortigiane e seguiti dai servi. Dopo aver assolto a tutti gli obblighi quotidiani e essersi divertiti, nel pomeriggio dovranno rincasare sempre a cavallo, portando con sé mazzi di fiori. Similmente durante l'estate dovranno recarsi a prendere il bagno in acque recintate da cui siano stati allontanati tutti gli animali pericolosi.

Altri divertimenti sociali. Passare la notte giocando a dadi. Fare passeggiate al chiaro di luna. Celebrare i giorni festivi in onore della primavera. Cogliere germogli e frutti degli alberi di mango. Mangiare le fibre del loto. Mangiare le tenere spighe del grano. Andare nei boschi quando gli alberi germogliano. Praticare l'*Udakakashvedika*. Ornarsi a vicenda con fiori di alcune piante. Tirarsi fiori dell'albero di Kadamba e fare altri giochi conosciuti in tutto il paese o tipici di alcune zone. Questi e altri simili sono i giochi che i cittadini dovranno sempre praticare. Sono adatti sia all'uomo che voglia divertirsi soltanto in compagnia di una cortigiana, sia alla cortigiana con una fanciulla, sua serva, o in compagnia di cittadini. Un *Pithamarda* è un uomo che proviene da un importante paese, solo al mondo e povero che possiede soltanto un mallika, alcune sostanze schiumose e un abito rosso. È abile in tutte le arti e poiché le insegna viene accolto nelle riunioni dei cittadini e nelle case delle donne. Un *Vita* è un uomo che ha avuto molti doni dalla fortuna, dello stesso paese dei cittadini con cui ha rapporti, possiede le qualità del padrone di casa che è accompagnato dalla moglie, onorato nelle assemblee, nelle case di donne pubbliche e che vive mettendo a frutto tutto ciò. Un *Vidushaka* conosce solo alcune arti, ed è un buontempone di cui tutti hanno fiducia. Ad essi è consuetudine rivolgersi nelle controversie e riconciliazioni fra cittadini e donne pubbliche. In tali occasioni possono essere interpellate anche le mendicanti, le donne con la testa rasata, le adultere e le vecchie cortigiane esperte in tutte le arti. Allo stesso modo un cittadino rispettato da tutti, dovrà cercare persone della sua stessa casta e degne di essere conosciute. In compagnia di altri, dovrà prendere parte alla conversazione con i suoi amici allietandoli e poiché gli altri gli sono obbligati per aver ricevuto da lui aiuto in ogni affare, farà in modo che tutti si comportino in modo equanime l'uno verso l'altro.

A questo proposito esistono alcune strofe; ad esempio:

«Un cittadino che discute in società su vari argomenti, parlando a volte in Sanscrito, a volte nei dialetti del paese, è tenuto in grande considerazione. Il saggio non deve frequentare un ambiente disprezzato pubblicamente, senza alcuna regola, e dedito alla rovina altrui. Al contrario un uomo colto che frequenti un certo ambiente, che agisca secondo i desideri del popolo e che persegua i suoi scopi, gode di molto rispetto».

5. IL GENERE DI DONNA FREQUENTATO DAI CITTADINI, I LORO AMICI E AMBASCIATORI

Il Kama diviene un mezzo per avere una discendenza legittima e una buona reputazione quando viene praticato dagli uomini di una delle quattro classi sociali con vergini della loro medesima casta, secondo le norme della Sacra Scrittura, con legale matrimonio, senza allontanarsi dalle usanze. La legge fa invece divieto di praticare il Kama con donne di una classe superiore o con quelle della medesima casta che siano però appartenute ad altri uomini. Nessuna prescrizione proibisce agli uomini di praticare il Kama con donne di classe inferiore, con donne bandite dalla loro stessa casta, con donne pubbliche, o con quelle sposate che convivono con un altro. Con queste, il solo fine del Kama è il piacere fisico.

Esistono tre specie di *Nayika*: le vergini, le donne maritate due volte e le donne pubbliche. Gonikaputra ritiene che c'è un quarto tipo di donne, quelle a cui ci si rivolge in occasioni particolari, anche se già sposate. Ciò capita quando un uomo pensa e ragiona così: 1. Questa donna è libera ed è appartenuta a molti prima di me. Per tale motivo, anche se è di una casta superiore alla mia, mi è lecito frequentarla come donna pubblica senza violare le leggi del Dharma. 2. Questa donna è stata sposata due volte ed è appartenuta ad altri prima di me. Posso quindi avere rapporti con lei. 3. Questa donna dispone del cuore del suo potente marito e può avere influenza su di lui, che è amico del mio nemico; se ella ha rapporti con me potrà indurre il marito a non frequentare il mio rivale. 4. Questa donna può far cambiare al potente marito, scontento di me e che vuole danneggiarmi, la sua opinione nei miei riguardi. 5. Facendomi amica questa donna, favorirò alcuni miei amici oppure danneggerò alcuni miei nemici o otterrò qualche altro difficile risultato. 6. Unendomi con questa donna, potrò uccidere suo marito e diventare padrone delle sue ricchezze che tanto desidero. 7. I miei rapporti con questa donna non sono pericolosi, inoltre mi daranno la ricchezza di cui ho bisogno, visto che non posso provvedere a me stesso a causa della mia povertà. In questo modo otterrò facilmente le sue grandi ricchezze. 8. Questa donna mi ama con passione e conosce i miei lati deboli. Respingendo il suo amore ella potrebbe rivelare agli altri i miei difetti e rovinare la mia reputazione. Potrebbe inoltre lanciarmi

accuse da cui molto difficilmente saprei scagionarmi e questo mi
porterebbe in rovina. Potrebbe mettere contro di me suo marito,
uomo molto potente, convincendolo a favorire il mio rivale,
oppure ella stessa potrebbe allearsi con quest'ultimo. 9. Il marito
di questa donna ha violato la castità di mia moglie ed io sedurrò la
sua, vendicandomi così di lui. 10. Con l'aiuto di questa donna
riuscirò ad uccidere un nemico del re che si è rifugiato da lei,
obbedendo al volere del re stesso. 11. Colei che amo è sotto il
dominio di questa donna; tramite lei potrò avere la prima. 12.
Questa donna mi farà ottenere una fanciulla bella e ricca ma non
facilmente raggiungibile e già sotto il potere di un altro. 13. Il mio
nemico è amico del marito di questa donna. Per creare disaccordo
fra i due farò in modo tale che la donna si unisca al mio rivale.

Questi elencati sono i motivi per cui è lecito avere rapporti con
le mogli di altri uomini, ma ciò è possibile solo per determinati
fini e mai per soddisfare i propri piaceri. Charayana afferma che
per tali scopi ci si può rivolgere anche ad un quinto genere di
Nayika, cioè l'amante fissa o occasionale di un ministro, oppure
una vedova che è in rapporti con un certo uomo per favorire i
progetti di un altro. Per Suvarnanabha esiste un sesto tipo di
Nayika: la donna che vive asceticamente e inoltre è vedova.
Ghotakamukha dichiara che possono essere considerate il settimo
tipo di *Nayika* le figlie vergini di una donna pubblica e di una
domestica. Gonardiya afferma che con la sua dottrina tutte le
donne di buona famiglia dopo la maggiore età, divengono l'ottavo
tipo di *Nayika*. Tuttavia non ci sono grandi differenze tra i primi
quattro generi di *Nayika* e gli ultimi, così come non c'è diverso
fine nel frequentarle. Secondo l'opinione di Vatsyayana esistono
solo quattro generi di *Nayika*: la fanciulla, la donna sposata due
volte, la donna pubblica e quella che si frequenta per un fine
determinato.

Le donne con le quali è vietato avere rapporti. Una lebbrosa. Una
pazza. Una donna espulsa dalla sua casta. Una donna che è
incapace di serbare un segreto. Una donna che manifesta pubblicamente il desiderio di avere un rapporto sessuale. Una donna
troppo chiara. Una donna troppo scura. Una donna sudicia. Una
parente stretta. Un'amica. Una donna asceta. La moglie di un
parente. La moglie di un amico. La moglie di un dotto bramino.
La moglie del re.

I seguaci di Brabhavya sostengono che una donna posseduta
già da cinque uomini è la persona adatta con cui avere rapporti.

Gonikaputra ritiene che invece anche in questo caso devono
essere escluse le mogli di un parente, di un bramino, e quelle di
un re.

Ecco ora un elenco di amicizie tipiche: Chi ha giocato con voi
durante l'infanzia. Chi si sente legato da un obbligo. Chi ha il
vostro medesimo carattere e ama le stesse cose. Un compagno di
scuola. Chi conosce i vostri segreti e difetti (e voi conoscete i

suoi). Il figlio della vostra balia. Chi è cresciuto insieme a voi. Un amico di un vostro amico. Questi amici devono possedere le seguenti qualità: sincerità; fedeltà; disponibilità; risolutezza; prodigalità; capacità d'imporsi; riservatezza.

Charayana afferma che i cittadini possono diventare amici di lavandai, barbieri, fiorai, droghieri, vaccari, venditori di foglie di betel, mendicanti, tavernieri, Pithamarda, Vita, Vidushaka e di tutte le loro mogli.

Le qualità necessarie in un messaggero: abilità; audacia; saper comprendere le intenzioni degli uomini dai loro gesti; assenza di timidezza; conoscenza del significato esatto di quanto viene affermato o fatto da altri; modi cortesi; saper riconoscere il tempo e il luogo adatti per compiere determinate azioni; ingegnosità negli affari; rapidità di giudizio; prontezza nel trovare ingegnosi rimedi.

Questa parte si conclude con alcuni versi: «L'uomo ingegnoso e saggio, accompagnato da un amico, e che conosce le altrui intenzioni, come anche il tempo e il luogo adatti per le diverse cose, può conquistare con facilità anche una donna molto difficile da ottenere».

PARTE SECONDA

L'unione sessuale

1. TIPI DI UNIONE SESSUALE SECONDO DIMENSIONI, INTENSITÀ DI DESIDERIO E TEMPO

Diversi tipi di unione. Gli uomini possono essere suddivisi in tre classi secondo le dimensioni del pene. L'uomo-lepre, l'uomo-toro e l'uomo-cavallo. Le donne, secondo la profondità della vagina, si dividono in donna-cerbiatta, donna-giumenta, e donna-elefante. Esistono dunque tre unioni uguali fra persone con dimensioni che si corrispondono e sei unioni disuguali con dimensioni non corrispondenti; in tutto le unioni sono nove, come risulta dalla seguente tabella.

Unioni uguali		Unioni disuguali	
Uomini	*Donne*	*Uomini*	*Donne*
Lepre	Cerbiatta	Lepre	Giumenta
Toro	Giumenta	Lepre	Elefante
Cavallo	Elefante	Toro	Cerbiatta
		Toro	Elefante
		Cavallo	Cerbiatta
		Cavallo	Giumenta

Nelle unioni disuguali, si ha l'alta unione, quando l'uomo supera per misura la donna che viene subito dopo di lui nella graduatoria: tale unione può essere di due tipi. Viene detta altissima unione quella che ha luogo con una donna che nella graduatoria è la più distante dall'uomo: essa è di un solo tipo.

L'unione di una donna con un uomo che nella graduatoria viene immediatamente dopo di lei, è detta bassa unione ed è di due tipi; mentre quella con un uomo più lontano viene chiamata bassissima ed è di un solo tipo. Semplificando, possiamo dire che per il maschio l'unione si definisce alta quando avviene fra il cavallo e la giumenta, il toro e la cerbiatta. Per quanto concerne la donna, si ha l'unione bassissima fra l'elefante e la lepre.

Ci sono nove tipi di unione secondo le dimensioni.

Le migliori sono quelle tra dimensioni uguali, le peggiori sono le altissime e le bassissime; tutte le altre sono mediocri e fra di esse le unioni alte sono migliori di quelle basse.

Tipi di unione secondo l'intensità del desiderio

Uomini	Donne	Uomini	Donne
Debole	Debole	Debole	Medio
Medio	Medio	Debole	Intenso
Intenso	Intenso	Medio	Intenso
		Medio	Debole
		Intenso	Debole
		Intenso	Medio

Quando il desiderio dell'uomo è debole, il suo sperma scarso ed egli non riesce a sostenere gli amplessi della donna, si dice che l'uomo è di scarsa passione. Si definiscono uomini di media passione quelli che si comportano in modo diverso dai primi; quelli che invece ardono di desiderio sono chiamati uomini con intensa passione. Questi tre gradi di intensità del desiderio si attribuiscono anche alle donne. Per quanto riguarda il tempo e la durata del rapporto sessuale ci sono tre tipi di uomini e di donne: quelli che raggiungono la soddisfazione in un tempo breve, medio e lungo. Anche fra questi, come per i tipi precedenti, sono possibili nove generi di unioni. A questo punto è necessario esporre i pareri che riguardano la donna. Auddalika dichiara: «Gli uomini soddisfano il loro desiderio mentre le donne dalla consapevolezza di esso traggono un tipo di godimento difficile a definirsi. Ciò risulta evidente dal fatto che nel coito, gli uomini dopo l'eiaculazione hanno soddisfatto il loro desiderio, mentre per le donne ciò non accade».

Tale affermazione può essere messa in dubbio. In realtà se un uomo ha un rapporto che dura a lungo, riesce a soddisfare la donna, ma se il rapporto si conclude in un tempo troppo breve, la donna resta insoddisfatta. Questa, secondo alcuni, sarebbe la prova che anche la donna eiacula. Questa opinione non è esatta, perché se per soddisfare il desiderio di una donna occorre molto tempo, durante il quale ella dà prova di sentire piacere, è naturale che ne desideri il proseguimento. I versi che seguono trattano di questo argomento.

«La passione, la sensualità e i desideri femminili sono soddisfatti dall'unione con gli uomini, e il piacere che deriva dalla consapevolezza di ciò, è chiamato appagamento.»

I seguaci ci Babhravya sostengono che durante tutto il rapporto, la donna emette un liquido, senza il quale l'ovulazione non potrebbe avvenire. Ma a una tale affermazione, vi è qualcosa da obiettare. Poiché all'inizio del rapporto il desiderio della donna è di media intensità, non può sostenere la forte pressione dell'uomo, ma la sua passione cresce gradualmente fino a farle dimenticare la partecipazione fisica e finalmente ella giunge a non desiderare altro.

Questa obiezione non è esatta; infatti se osserviamo oggetti molto comuni che girano con grande forza, come ad esempio la trottola, possiamo notare che il movimento è lento all'inizio per farsi pian piano sempre più veloce. Lo stesso accade per la passione della donna che crescendo gradualmente le fa desiderare di concludere il coito dopo l'emissione completa dello sperma.

Alcuni versi sostengono: «L'eiaculazione maschile, avviene alla fine del rapporto, mentre il liquido femminile fluisce continuamente. Soltanto al termine dell'eiaculazione da parte di entrambi essi desiderano porre fine al coito».

Vatsyayana afferma che il liquido dell'uomo e della donna viene emesso nell'identico modo. A questo punto ci si potrebbe domandare: «Se l'uomo e la donna sono dello stesso genere e cercano di raggiungere lo stesso scopo per quale motivo devono agire in modo differente?».

Vatsya dichiara che ciò è dovuto al diverso modo di agire e alla diversa consapevolezza del piacere presenti nell'uomo e nella donna. La natura medesima dell'uomo e della donna ne determinano i diversi modi di agire, modi per cui l'uomo è il soggetto attivo e la donna il soggetto passivo; altrimenti, spesso, accadrebbe il contrario. Poiché agiscono in modo diverso, essi hanno una diversa consapevolezza del piacere; infatti mentre l'uomo pensa: «questa donna è mia», la donna invece pensa: «io sono sua». Ma se è vero che i modi di agire di entrambi sono dissimili dovrebbe esserci una diversità anche nel provare il piacere, diversità che ne attesti la disuguaglianza.

Quest'ultima affermazione è priva di fondamento: infatti dato che soggetto attivo e soggetto passivo sono di tipo diverso, necessariamente essi provano il piacere in modo diverso, nell'appagamento non sussiste differenza. Inoltre si potrebbe osservare che, se due persone differenti compiono la medesima azione, esse, a nostro avviso, perseguono lo stesso fine. Ma riguardo al caso dell'uomo e della donna notiamo che ognuno di essi persegue il proprio fine separatamente e questo è incompatibile.

Tuttavia pensare ciò è sbagliato, perché osserviamo che spesso due cose accadono simultaneamente, come avviene ad esempio nella lotta tra due montoni: entrambi gli animali ricevono l'urto alla testa; e anche, quando una botte urta contro un'altra nel combattimento tra due lottatori. Se, in questi casi ammettiamo che le cose considerate sono dello stesso tipo, dovremo ammettere anche, per quanto concerne l'uomo e la donna, che la loro natura è la stessa. Pertanto, pur essendo diverso il loro modo di agire ciò è dovuto solo alla loro diversa conformazione e possiamo affermare che l'uomo sente lo stesso piacere della donna.

La frase che segue riguarda l'argomento: «Essendo gli uomini e le donne di uguale natura, essi provano lo stesso genere di piacere: un uomo deve quindi sposare una donna che lo amerà solo successivamente».

Poiché si è provato che il piacere dell'uomo e della donna sono dello stesso tipo, passeremo adesso ad analizzare la durata del rapporto sessuale.

Ci sono nove tipi di rapporto a seconda della durata e nove tipi a seconda dell'intensità della passione.

Poiché vi sono nove tipi di unione, rispettivamente secondo le dimensioni, l'intensità della passione e la durata, combinandoli fra loro si potrebbero ricavare numerosi generi di unione sessuale. In ognuno di essi, l'uomo deve ricavare i modi che ritiene adatti all'occasione.

In principio il desiderio dell'uomo è intenso e di breve durata, ma nei rapporti successivi dello stesso giorno accade il contrario.

La donna invece si comporta nel modo opposto: all'inizio dell'unione la sua passione è debole e di lunga durata e quindi non viene soddisfatta, ma dopo, e nello stesso giorno, ella riesce a soddisfarsi completamente poiché il suo desiderio si intensifica e diviene più breve.

Tipi di Amore. I conoscitori delle abitudini umane distinguono quattro specie di amore:

1. Amore dovuto all'abitudine. 2. Amore dovuto all'immaginazione. 3. Amore dovuto alla fede. 4. Amore dovuto alla percezione di oggetti esteriori.

Il primo tipo di amore è dato dal compiere ogni volta e in continuazione alcune azioni. Viene chiamato amore derivante dall'abitudine, come può essere quello per il rapporto sessuale, per la caccia, per l'alcool, per il gioco etc.

Il secondo tipo è detto amore dovuto all'immaginazione; esso si prova per le cose a cui non siamo abituati, e deriva dalle idee. È di questo genere l'amore che alcuni uomini, donne e eunuchi provano per l'*Auparishtaka* (amplesso nella bocca), o quello sentito da tutti per l'abbraccio, il bacio etc.

Il terzo tipo è quello che c'è fra due persone quando è reciproco e vero e quando ognuno pensa all'altro come ad una cosa propria; esso viene detto amore dato dalla fede.

Il quarto è l'amore che nasce dalla percezione di oggetti esteriori; esso è visibile e conosciuto da tutti perché procura un godimento molto più grande degli altri tipi di amore.

2. L'ABBRACCIO

La parte del Kamasutra concernente il rapporto sessuale viene chiamata *Chatushashti* (sessantaquattro). Il nome, secondo l'opinione di antichi scrittori, deriva dai sessantaquattro capitoli in essa contenuti. Secondo gli altri, questo nome le è stato attribuito in onore del Rig Veda, perché si chiamava Panchala come la persona che recita quella parte del Rig Veda formata da sessantaquattro versi, e chiamata Dashatapa. I seguaci di Babhravya affermano invece che sia formata da otto argomenti: l'abbraccio, il bacio, il graffio con le unghie e con le dita, il morso, il giacere, l'emissione di suoni vari, fare la parte dell'uomo, l'amplesso nella bocca. Tuttavia, questa è detta «Sessantaquattro», perché essendo ogni argomento suddiviso in otto tipi, otto per otto fa appunto sessantaquattro. Di opinione diversa è invece Vatsyayana, il quale sostiene che il nome «Sessantaquattro», è solo causale, proprio perché la sezione riguarda anche altri argomenti, e cioè: come l'uomo agisce durante il coito, il percuotere e altri. Allo stesso modo diciamo «questo albero è il *Saptaparna* o sette-foglie, e questa offerta di riso è il *Panchavarna* o cinque-colori».

Il primo argomento del «Sessantaquattro» è l'abbraccio; esso si divide in quattro tipi: 1. Sfiorante. 2. Penetrante. 3. Strofinante. 4. Premente.

1. L'abbraccio «sfiorante» si ha quando l'uomo, con un pretesto qualsiasi, si pone di fronte oppure al lato della donna e i corpi si sfiorano.

2. L'abbraccio «penetrante» si ha quando in un luogo appartato, la donna si china come per raccogliere qualcosa, e *penetra* col suo seno un uomo seduto o in piedi, che ne approfitta per toccarle il seno.

Questi due tipi di abbraccio hanno luogo fra due persone che ancora non si conoscono.

3. Si ha l'abbraccio «strofinante» fra due innamorati che vanno a passeggio nell'oscurità o in un posto frequentato da altri, o in un posto solitario, strofinando i loro corpi uno contro l'altro.

4. L'abbraccio «premente» avviene quando nei luoghi sopra nominati uno degli innamorati preme con forza il corpo dell'altro contro un muro o una colonna.

Questi che seguono sono invece abituali fra due persone che sanno già cosa vogliono.

Durante gli incontri sono usati quattro tipi di abbraccio:

Jataveshtitaka: il contorcimento di un serpente.

Vrikshadhirudhaka: il salire su un albero.

Tila-Tandulaka: il miscuglio di sesamo e riso.

Kshiraniraka: l'abbraccio latte e acqua.

Quando una donna si stringe ad un uomo nello stesso modo con cui il rettile si attorciglia all'albero, piegando il capo verso di lui per baciarlo, sussurrando suoni lievi e guardandolo con amore, si ha lo *Jataveshtitaka*.

Quando una donna, dopo aver posto un piede fra quelli del suo innamorato e l'altro tra le sue cosce, passa un braccio attorno alla schiena dell'uomo e l'altro sulle sue spalle, tubando e cantando sottovoce, desiderando avvolgersi a lui per essere baciata avviene il *Vrikshadhirudhaka*.

I due tipi di abbraccio sono adatti agli innamorati che si trovano in piedi.

Quando un uomo e una donna sono distesi in un letto e si abbracciano in modo tale che braccia e gambe s'intreccino fra di loro strofinandosi, si ha il *Tila-Tandulaka*.

Quando un uomo o una donna, al culmine della passione e dimentichi di ogni dolore, si abbracciano come se i loro corpi dovessero fondersi, mentre la donna è seduta in grembo all'uomo oppure di fronte a lui o sul suo letto, avviene il *Kshiraniraka*.

Questi due tipi di abbraccio si verificano nel corso del rapporto sessuale. Babhravya ha descritto gli otto tipi di abbraccio.

Suvarnanabha descrive quattro modi per abbracciare alcune parti del corpo:

L'abbraccio delle cosce. L'abbraccio dello *jaghana*, cioè l'inguine. L'abbraccio del seno. L'abbraccio della fronte.

Quando uno dei due amanti stringe con forza una o ambedue le gambe dell'altro fra le sue, si ha «l'abbraccio delle cosce».

Quando l'uomo stringe la parte centrale del corpo della donna (*jaghana*) contro il suo e sale su di lei per sedurla, graffiando con le unghie, mordendo, battendo o baciando, e la donna ha i capelli sciolti e fluenti, avviene l'abbraccio dello *jaghana*.

Quando l'uomo stringe i seni della donna contro il suo petto si ha «l'abbraccio del seno».

Quando uno dei due amanti tocca la bocca, gli occhi, la fronte dell'altro con le sue labbra, si ha «l'abbraccio della fronte».

Molti esperti sostengono che anche il lavaggio della testa si può considerare un tipo di abbraccio, perché vi è contatto di corpi. Ma Vatsyayana non lo include fra gli abbracci, poiché viene compiuto in circostanze diverse e per motivi differenti.

Il brano che segue tratta questo soggetto:

«L'argomento dell'abbraccio è di natura tale che gli uomini che ne domandano spiegazione o ne sentono parlare o ne parlano essi stessi, ne provano di conseguenza desiderio. Anche gli abbracci che non vengono presi in considerazione dal Kama Shastra devono essere praticati nel corso del rapporto sessuale, se davvero essi portano ad un aumento di passione. Le regole dello Shastra vanno utilizzate quando il desiderio è moderato; quando la ruota dell'amore è già in moto, non esistono né sono necessarie leggi o norme dello Shastra».

3. IL BACIO

Alcuni pensano che l'abbraccio, il bacio, lo spingere o il graffiare con le unghie siano azioni che vanno compiute prima dell'unione sessuale; ma per esse non c'è un tempo stabilito né una precisa regola da osservare; al contrario la pressione e l'emissione dei vari suoni sono in genere compiute nel corso del rapporto. Per Vatsyayana nessuna di queste azioni può essere precordinata, perché in amore non c'è un tempo né un ordine preciso da rispettare.

Durante il rapporto gli amanti devono alternare il bacio con gli altri atti; essi però non devono prolungarsi; nei rapporti seguenti invece devono essere compiuti tutti e senza moderazione per aumentare il desiderio.

Il bacio può essere dato in queste parti del corpo: la fronte, gli occhi, le guance, la gola, le labbra, il seno, l'interno della bocca.

Gli abitanti del Lat sono soliti baciare anche queste parti: le braccia, la giuntura delle cosce e l'ombelico. Vatsyayana sostiene che è sconveniente seguire l'esempio di queste genti, anche se esse sono solite baciare quelle parti del corpo per tradizione e secondo l'intensità della passione.

Una ragazza pratica tre tipi di baci:

Il bacio simbolico. Il bacio fremente. Il bacio a contatto.

Si chiama «bacio simbolico» quello di una ragazza che sfiora le labbra del suo innamorato.

Si chiama «bacio fremente» quello che una ragazza dà toccando le labbra premute contro le sue e muovendo il labbro inferiore.

Si chiama «bacio a contatto» quello che una ragazza dà al suo innamorato toccandogli le labbra con la lingua e nel farlo socchiude gli occhi e abbandona le sue mani in quelle di lui.

Alcuni autori descrivono altri tipi di bacio:

Il bacio diretto. Il bacio inclinato. Il bacio rivoltato. Il bacio premuto.

Il «bacio diretto» avviene quando le labbra dei due innamorati si trovano in contatto fra loro.

Il «bacio inclinato» avviene quando i due innamorati baciandosi inclinano la testa uno verso l'altra.

Il «bacio rivoltato» si ha quando uno dei due gira il viso dell'altro, facendo perno sul capo o sul mento.

Il «bacio premuto» è quello che si dà premendo con forza il labbro inferiore.

C'è ancora un quinto tipo di bacio, detto «bacio fortemente premuto»: esso si dà prendendo tra le dita il labbro superiore premendolo fortemente con le labbra, dopo averlo toccato con la lingua.

Nel bacio si usano anche fare giochi o gare di rapidità per afferrare le labbra dell'altro. Se in questa gara perde la donna può fare finta di gridare, allontanare il suo uomo scuotendo le braccia e litigare con lui voltandosi dall'altra parte e dicendo: «Scommettiamo ancora». Se è sconfitta anche la seconda volta, la donna può fingersi ancora più dispiaciuta e, approfittando del momento in cui l'uomo è disattento o addormentato, afferrarne il labbro inferiore e stringerlo tra i denti intorno, e con movimenti delle sopracciglia e degli occhi scherza con lui dicendogli ogni cosa.

Questi giochi sono propri del bacio, ma si possono applicare anche al graffio, al mordere e al percuotere. Sono soliti fare questi atti uomini e donne intensamente passionali.

È detto «bacio del labbro superiore» quello che un uomo dà baciando il labbro superiore della donna, mentre ella bacia il suo labbro inferiore.

Si ha «il bacio che allaccia» quando uno dei due prende fra le sue labbra quelle dell'altro. Di solito la donna bacia in questo modo solo gli uomini privi di baffi. In questo genere di bacio avviene la «lotta della lingua» quando uno dei due amanti tocca con la lingua i denti, la lingua e il palato dell'altro. In questo modo bisogna apprendere a premere con i denti la bocca dell'altro.

Esistono quattro tipi di bacio: moderato, contratto, premuto, dolce, secondo la parte del corpo e il modo in cui essa viene baciata.

Si dice «bacio che provoca amore» quello di una donna che, guardando il viso dell'amante addormentato, lo bacia per fargli comprendere le sue intenzioni e il suo desiderio.

È chiamato «bacio che allontana» quello che una donna dà all'amante occupato in qualcosa, per distrarlo, o che sta litigando con lei o che sta guardando un'altra cosa.

Si chiama «bacio del risveglio» quello dato dall'innamorato che rientra tardi a quello che dorme, per far comprendere il proprio desiderio. In tale circostanza, la donna può fingere di dormire per conoscere le intenzioni dell'uomo, ottenendo in tal modo la sua stima e il suo rispetto.

È detto «bacio trasmesso» quello dato in presenza della persona amata ad un bimbo seduto in grembo, oppure ad un quadro, immagine, o figura.

È detto «bacio dimostrativo» quello dato sulla mano di una donna se questa è in piedi, sui piedi se è seduta, quando si è in un teatro o in un'assemblea di uomini di casta. Similmente viene chiamato il bacio che una donna, mentre lava il corpo dell'amato, pone sulla sua coscia o sull'alluce dopo aver messo il viso fra le gambe di lui per ridestarne il desiderio.

Il brano che segue tratta questo argomento:

«Qualsiasi cosa che un innamorato fa all'altro deve essere sempre ricambiata; se ad esempio una donna bacia l'uomo amato, anch'egli deve baciarla, se lo percuote anch'egli deve percuoterla».

4. PREMERE, SEGNARE O GRAFFIARE CON LE UNGHIE

Gli amanti molto passionali e ardenti e coloro che ne traggono godimento sono soliti premere o graffiare con le unghie. Le occasioni in cui ciò viene fatto sono queste: durante il primo incontro, prima di un viaggio, al ritorno da un viaggio, dopo una riconciliazione e quando una donna è in stato d'ebrezza.

Ci sono otto dipi di segni impressi nel premere con le unghie: 1. Segno ridondante o lieve. 2. Segno a mezza luna. 3. Segno a cerchio. 4. Segno a linea. 5. Segno ad artiglio di lepre. 6. Segno a picde di pavone. 7. Segno a salto di lepre. 8. Segno a foglia di loto blu.

Le parti del corpo che si possono spingere con le unghie sono: le ascelle, la gola, il seno, le labbra, lo *jaghana* e le cosce. Tuttavia Suvarnanabha afferma che il forte desiderio non lascia tempo per scegliere dove premere.

Le unghie devono essere sempre belle, lucenti, pulite, ben formate, intere, convesse, morbide. Le dimensioni delle unghie sono di tre tipi: Piccole. Medie. Larghe.

Le unghie larghe sono tipiche dei Bengalesi; rendono belle le mani e conquistano i cuori delle donne.

Le unghie piccole sono tipiche del meridione; possono essere usate in molti modi per procurare godimento.

Le unghie medie sono tipiche del popolo di Maharashtra ed hanno le medesime qualità degli altri due tipi.

a) Se con le unghie si preme il mento, il petto, il labbro inferiore oppure lo *jaghana* di un'altra persona, in modo così leggero da non lasciare nessun segno, facendo sì che al tocco i peli si sollevino e le unghie stesse emettano uno strano suono, si ottiene il «suono o pressione con le unghie».

Tale pressione va eseguita quando un innamorato insaponando la sua donna e strofinandole il capo vuole spaventarla.

b) Quando sul collo o sul petto rimane un segno curvo dopo aver premuto con le unghie, esso è chiamato «mezza luna».

c) Se i segni a mezza luna sono impressi uno di fronte all'altro, si ha «il cerchio», che di solito si esegue sull'ombelico, sulle piccole cavità vicino alle natiche e sulle giunture delle cosce.

d) Il segno che ha la forma di una linea, è detto «linea» e può essere praticato in qualsiasi parte del corpo.

e) Quando la «linea» è curva ed è impressa sul petto, si ottiene «l'unghia di tigre».

f) Il segno curvo impresso sul seno con le cinque unghie è chiamato «piede di pavone». Questo segno è fatto per avere elogi e per farlo bene è necessario essere molto abili.

g) Quando cinque segni di unghia sono impressi vicini attorno al capezzolo, si ha il cosiddetto «salto di lepre».

h) La «foglia di loto blu» è l'impronta che resta sul seno o sui fianchi, avente la forma di una foglia di loto blu.

Se qualcuno sta per partire e imprime un segno sulle cosce o sul seno dell'amante, questo viene chiamato «simbolo del ricordo», ed è costituito da tre o quattro linee lasciate dalle unghie e vicine fra loro.

Questi sono i tipi di segni fatti con le unghie che si conoscono, ma come affermano anziani autori, ce ne possono essere moltissimi altri, dato che quest'arte nota a tutti gli uomini consente di ottenere una grande varietà, data appunto dai differenti gradi di abilità. Inoltre nessuno può conoscere tutti i tipi di segni che possono essere impressi, dato che spingere e lasciare segni con le unghie sono azioni che non dipendono solo dall'amore. Questo, secondo il parere di Vatsyayana, dipende dal fatto che, poiché in amore è necessaria la varietà, l'amore deve avere origini da essa. Infatti è per questo motivo che sono tanto desiderate le cortigiane esperte e capaci di simili variazioni. Come accade per le arti e gli svaghi, come il tiro con l'arco e altri, anche nell'amore è ricercata la varietà.

Sul corpo delle donne sposate non bisogna lasciare segni delle unghie ad eccezione di alcuni particolari che possono essere fatti solo sulle parti intime come ricordo e per accrescere l'amore.

Il seguente brano tratta l'argomento:

«L'amore di una donna che vede i segni delle unghie sulle parti intime del proprio corpo, anche se questi segni sono ormai vecchi e quasi cancellati, ringiovanisce e si rinnova. Se nessun segno di unghie ricorda i convegni amorosi allora l'amore s'è affievolito come accade quando per un lungo tempo non vi è stata alcuna unione». Quando uno straniero da lontano vede una giovane donna con i segni delle unghie sul seno, prova per lei rispetto e amore.

L'uomo che ha lasciato impressi su alcune parti del corpo i segni dei denti e delle unghie, riesce a condizionare anche la mente salda di una donna.

Per concludere possiamo affermare che l'imprimere con le unghie e mordere sono le azioni che più di tutte contribuiscono ad aumentare l'amore.

5. IL MORDERE E I MEZZI DA USARE CON LE DONNE DI PAESI DIVERSI

Le zone del corpo che si possono mordere sono le medesime che si usa baciare, ad eccezione del labbro superiore, l'interno della bocca e gli occhi. I denti belli sono quelli tutti uguali, lucenti, adatti ad essere colorati, di giuste proporzioni, sani ed infine aguzzi.

I denti difettosi sono quelli spuntati, sporgenti, ruvidi, deboli, larghi e quelli fissati male.

Differenti generi di morso: 1. Il morso nascosto. 2. Il morso gonfiato. 3. Il punto. 4. La linea di punti. 5. Il corallo e il gioiello. 6. La linea di gioielli. 7. La nuvola squarciata. 8. Il morso del verro.

1. Il morso che lascia un arrossamento evidente è chiamato «il morso nascosto».

2. Il morso che preme la pelle su entrambi i lati è detto «il morso gonfiato».

3. Il «punto» è quello che si dà soltanto con due denti su una piccola porzione di pelle.

4. Il morso a «linea di punti» è quello lasciato da tutti i denti.

5. Il morso dato dai denti e dalle labbra insieme è chiamato «il corallo e il gioiello». Le labbra formano il corallo e i denti il gioiello.

6. Quando il medesimo morso è dato con tutti i denti viene detto «la linea di gioielli».

7. Il morso che dà gonfiori disuguali disposti in cerchio e lasciati dallo spazio tra i denti, è chiamato «la nuvola squarciata». Esso si pratica sul seno.

8. Il morso costituito da molti larghi filari di segni vicini tra loro, con in mezzo intervalli rossastri è chiamato «il morso di un verro». È praticato sul petto e sulle spalle.

Questi due ultimi generi di morso sono impressi dalle persone molto passionali.

Il «morso nascosto», il «morso gonfiato», il «punto» vengono praticati sul labbro inferiore, mentre il «morso gonfiato», il «corallo e il gioiello» sulle guance.

Il bacio, la pressione con le unghie e il morso sono ornamenti della guancia sinistra, e quando useremo la parola guancia, ci riferiremo sempre a quella sinistra.

I morsi a «linea di punti» e quello a «linea di gioielli» si imprimono sempre sulla gola, sulle ascelle e alla giuntura delle cosce; la «linea dei punti» si deve praticare da sola, sulla fronte e sulle cosce.

Sono ritenuti segni di intensa sessualità quelli delle unghie e il mordere i seguenti oggetti: un ornamento della fronte e delle orecchie, un mazzo di fiori, una foglia di betel o di tamala ormai secche o appartenenti alla donna amata.

In amore un uomo deve portare rispetto e comportarsi secondo i desideri delle donne di paesi diversi.

Le donne delle zone centrali sono di carattere nobile, non sono use a pratiche vergognose e non amano la pressione delle unghie e il morso. Le donne del Balhika amano molto percuotere. Le donne di Avantika amano le cose oscene e sono prive di buone maniere. Le donne del Maharashtra sono amanti delle sessanta-quattro arti; parlano con voce aspra e bassa, e vogliono che si parli con loro in identico modo. Amano moltissimo il piacere. Le donne di Pataliputra sono simili a quelle del Maharashtra, manifestano i loro desideri soltanto nell'intimità. Le donne del Dravida emettono lentamente lo sperma durante il rapporto sessuale anche sotto l'azione dello strofinio e della passione, e ciò perché sono molto lente nel coito. Le donne di Vanavasi hanno una passione moderata, godono di ogni tipo di piacere, usano coprire i loro corpi e detestano coloro che parlano con voce bassa, media e aspra. Le donne di Avanti odiano il bacio, i segni delle unghie e il morso, ma amano moltissimo i diversi generi di rapporto sessuale. Le donne di Malwa amano l'abbraccio e il bacio, ma non l'attorcigliarsi e sono affascinate dall'essere percosse. Le donne di Abhira e quelle delle regioni intorno all'Indo e i cinque fiumi sono attratte dall'*auparishtaka*. Le donne di Apara-tika sono piene di passione e dicono lentamente «sit». Le donne del Lat sono molto passionali ed anch'esse emettono lentamente il suono «sit». Le donne dello Stri Rajya e di Koshola sono piene d'ardore, il loro liquido fluisce in grande quantità e hanno l'abitudine di prendere delle sostanze che ne aumentano l'emissio-ne. Le donne dell'Andhra hanno corpi morbidi, sono appassiona-te e prediligono i godimenti voluttuosi. Le donne di Ganda hanno anch'esse corpi morbidi e parlano dolcemente.

Suvarnanabha sostiene che in simili casi non è necessario attenersi alle predilezioni di un intero paese, perché quello che piace ad una singola persona ha maggiori effetti di ciò che piace ad un'intera nazione.

I vari piaceri, le vesti e gli sport di un paese vengono adottati da un altro e per questo devono essere considerati originari di quel paese.

Fra le diverse azioni, come l'abbraccio, il bacio, etc. devono essere eseguite prima quelle che servono ad accrescere il desiderio e poi quelle per svago e per varietà.

Il brano che segue è stato scritto su questo tema:

«Quando un uomo morde una donna con impeto, ella deve ricambiare con ira e con maggiore vigore. Così deve ricambiare un "punto" con una "linea di punti" e questa con una "nuvola squarciata" e se la sua pelle è molto rossa deve iniziare a litigare con lui. Ella deve afferrare l'amante per i capelli, inclinargli il capo e baciarlo sul labbro inferiore, poi, ormai ebbra d'amore, deve, ad occhi chiusi, morderlo in varie zone. Anche di giorno, o in luogo pubblico, quando il suo innamorato le mostra i segni che ella gli ha lasciato sul corpo, la donna deve sorridere e volgendo il viso come se volesse rimproverarlo, con sguardo irato, deve mostrargli a sua volta i segni che egli le ha impresso sul corpo. Così, quando gli uomini e le donne hanno i medesimi gusti, il loro amore non diminuirà neanche col trascorrere di un secolo».

6. I DIVERSI MODI DI GIACERE E I VARI GENERI DI RAPPORTO SESSUALE

Durante l'«Alta unione», la donna *Mrigi* (cerbiatta) deve giacere in maniera tale da allargare la sua vagina, mentre in una «bassa unione» la donna *Hastini* (elefante) deve distendersi in modo da contrarla. Ma in una «unione eguale» essere devono stare in una posizione naturale.

La donna «Vadawa» (giumenta) deve applicare quanto s'è detto sulle Mrigi e sulle Hastini. In una «bassa unione» la donna deve utilizzare molte sostanze stimolanti in modo da essere appagata rapidamente. La donna-cerbiatta ha tre modi di giacere: La posizione molto aperta. La posizione spalancata. La posizione della moglie di Indra.

La «posizione molto aperta» è quella che si ottiene quando la donna reclina il capo sollevando la parte centrale del corpo. L'uomo in tal caso applica un unguento per rendere più facile la penetrazione.

La posizione «spalancata» si ha quando la donna porta in alto le cosce mantenendole molto separate e s'impegna nel rapporto.

Quando ella con le gambe piegate poggia le cosce sui propri fianchi e dà inizio al rapporto, assume la posizione di Indrani.

Tale posizione si apprende con la pratica ed è consigliabile anche in una «altissima unione».

Nella «bassa unione», nella «bassissima», nella «posizione premente», nella «posizione accoppiata», e nella «posizione giumenta», si utilizza la «posizione intrecciata».

Quando le gambe del maschio e della femmina sono stese diritte le une sulle altre si ha la «posizione intrecciata». Può essere di due tipi: laterale e supina, secondo il modo in cui sono distesi. Nella posizione laterale l'uomo deve necessariamente giacere sul lato sinistro e la donna sul destro; questa regola, va osservata con tutti i tipi di donna.

La «posizione premente» si ha quando, nell'unione intrecciata, la donna spinge l'amante con le cosce. La «posizione accoppiata» si ha quando la donna pone una coscia su quella dell'amante. La «posizione della giumenta» avviene quando la donna trattiene il pene nella vagina. La posizione si apprende con l'esperienza ed è gradita alle donne dell'Andra.

Questi modi di giacere sono quelli descritti da Babhravya.

Suvarnanabha aggiunge i seguenti:

La «posizione elevata» si ha quando la donna tiene le cosce dritte verso l'alto. La «posizione spalancata» si ha quando la donna solleva le cosce poggiandole sulle spalle dell'uomo. La «posizione premuta» avviene quando le gambe sono serrate in modo da trattenere l'uomo davanti al petto. La «posizione metà premuta» si ha quando una delle gambe della donna è sollevata. La «fenditura di bambù» si verifica quando la donna poggia una gamba sulla spalla dell'amante sollevando l'altra, e quindi appoggia questa sull'altra spalla dell'uomo alzando nello stesso tempo la prima, così di seguito alternativamente. Il «fissaggio di un chiodo» è la posizione assunta dalla donna quando ha una gamba poggiata sul capo e l'altra sollevata. Per apprendere questa posizione è necessaria la pratica. La «posizione del granchio» avviene quando le donna tiene le gambe contratte e poggiate sullo stomaco. La «posizione a pacco» è quella in cui entrambe le cosce sono sollevate e tenute una sull'altra. La «posizione del loto» si ha quando le gambe sono posate l'una sull'altra.

La «posizione girevole» si ottiene quando l'uomo si gira durante il rapporto e gode della donna senza lasciarla mentre ella lo abbraccia. Anche per questa posizione è necessaria molta esperienza. Suvarnanabha sostiene che questi diversi modi di giacere, di star seduti ed eretti devono essere eseguiti nell'acqua, poiché possono essere praticati facilmente; Vatsyayana ritiene invece che l'unione sessuale nell'acqua è inammissibile perché proibita dalla religione.

Quando un uomo e una donna si poggiano l'una sul corpo dell'altro o su un muro, o a una colonna, e si uniscono stando in piedi, si ha l'«unione assecondata».

Quando un uomo è poggiato contro un muro, e la donna seduta sulle braccia unite dell'amante si muove puntando i piedi contro il muro al quale l'uomo è appoggiato e circondandogli con le mani il collo e con le cosce la vita, avviene l'«unione sospesa». Quando una donna sta come un quadrupede sulle mani e sui piedi e l'uomo la monta come un toro, avviene l'«unione di mucca». In tal caso tutto quello che è fatto di solito sul petto, deve essere fatto sul dorso. Similmente viene praticata l'unione di un cane, di una capra, di un cerbiatto, la monta forzata di un asino, l'unione di un gatto, il salto di una tigre, la pressione di un elefante, lo strofinio di un verro e la monta di un cavallo. In ogni caso le caratteristiche degli animali devono essere rese agendo come loro.

Si ha «l'unione unita» se un uomo possiede simultaneamente due donne. Si ha l'«unione di un gregge di vacche» se un uomo sta con più donne insieme. I seguenti tipi di rapporto: giocare nell'acqua, come l'unione di un elefante con molte elefantesse che ha luogo solo nell'acqua, e l'unione di molte capre o cerbiatti, sono modelli di comportamento propri di questi animali.

Nel Gramaneri molti giovani possiedono la donna che deve sposare uno di loro, tutti insieme o uno dopo l'altro. Uno la tiene, un altro si accoppia con lei, un terzo usa la sua bocca, un quarto solleva la parte centrale del suo corpo e così facendo ognuno gode con una parte diversa.

Lo stesso si verifica quando molti uomini sono in compagnia di una cortigiana oppure una cortigiana è sola con molti uomini. Anche le donne dell'harem del re agiscono così quando per caso riescono a prendere un uomo.

I popoli del Sud usano anche l'unione nell'ano, che è detta «unione più bassa». Qui si conclude l'elenco dei differenti tipi di unione sessuale. Il brano che segue è stato scritto su questo argomento:

«Una persona ingegnosa deve variare i tipi di rapporto, imitando animali e uccelli differenti, perché queste diverse varietà di unione, compiute secondo le abitudini di ogni paese e le preferenze di ogni individuo generano l'amore, l'amicizia e il rispetto nei cuori delle donne».

7. I DIFFERENTI MODI DI PERCUOTERE, I LAMENTI E I MUGOLII APPROPRIATI

L'unione sessuale può essere paragonata ad una lotta, per la sua tendenza al litigio per controversie amorose. Tutto il corpo viene percosso con passione, le parti più appropriate sono: spalle; testa; spazio tra i seni; schiena; *jaghana*; anche.

Le percosse invece sono di quattro generi diversi: percosse date col dorso della mano; percosse date con le dita lievemente contratte; percosse date col pugno; percosse date col palmo della mano aperta.

Poiché provocano sofferenze, le percosse danno luogo a otto varietà di grida, i cui suoni risultano di vario genere: suono Hin;

suono terribile; suono tubante; suono piagnucoloso; suono Phût; suono Phââ; suono Sût; suono Plât.

Oltre a questi generi di grida si hanno anche parole dal significato molto esplicito, come «madre», e quelle che indicano divieto, desiderio di liberazione, dolore o lode; possono essere accompagnate dai suoni emessi dai colombi, dai cuculi, dai piccioni verdi, dai pappagalli, dalle api, dai passeri, dai fenicotteri, dalle anatre e dalle quaglie, suoni usati a seconda della situazione. La donna deve prendere sulla schiena i colpi col pugno, mentre è seduta in braccio all'uomo, e quindi deve renderglieli fingendosi adirata e insultando l'amante, tubando e lamentandosi.

La zona fra i seni deve essere colpita col dorso della mano mentre la donna è impegnata nel coito dapprima piano e poi, man mano che la passione cresce, sempre più forte, fino al termine. A questo punto devono essere emessi i suoni di Hin e altri alternativamente e secondo l'abitudine. Quando l'uomo emettendo il suono di Phât colpisce la donna al capo con le dita della mano lievemente contratte, si ha il *Prasritaka*. I suoni adatti a questo frangente sono: il suono tubante, il suono Phât, il suono Phût dentro la bocca, alla fine dell'unione sospiri e lamenti. Il suono Phât è simile a quello del bambù quando viene spaccato; il suono di Phût somiglia a quello provocato da un oggetto che cade nell'acqua.

Per tutto il tempo in cui i due amanti si baciano o fanno cose simili, la donna deve emettere dei sibili. La donna che non è abituata a ricevere percosse, mentre è eccitata, pronuncia parole di divieto, desiderio di liberazione, e anche parole come «padre», «madre», sospirando e piagnucolando. Quando il rapporto sta per concludersi, si devono premere con forza col palmo aperto della mano, il seno, lo *jaghana* e le anche della donna, e devono essere emessi suoni simili a quelli delle quaglie o delle oche.

Il brano che segue tratta questo tema: «Si dice che le caratteristiche della virilità siano la violenza e l'impetuosità; mentre fragilità, tenerezza, sensibilità e tendenza ad evitare le cose spiacevoli sono segni propri della femminilità. L'ardore della passione e particolari abitudini possono causare talvolta effetti contrari, ma ciò non dura a lungo e alla fine tutto ritorna allo stato naturale».

Oltre ai quattro modi di colpire già elencati, è necessario considerarne altri come: il cuneo sul petto, le forbici sul capo, uno strumento forante sulle guance, le tenaglie sul seno e sui fianchi; in tutto ne risultano otto tipi.

Questi ultimi quattro modi di colpire con strumenti sono caratteristici dei popoli meridionali e i segni sono visibili sul seno delle loro donne. Vatsyayana nota che abitudini proprie di un paese sono dolorose, barbare, ignobili e indegne di essere praticate e imitate.

Per questa ragione le abitudini locali non devono essere

adottate altrove, e nello stesso tempo nei luoghi dove vengono praticate bisogna evitare di esagerare.

Gli esempi che seguono mostrano a quali pericoli si può andare incontro con simili usi. Il re dei Panchala uccise con un cuneo la cortigiana Madhavasena durante il rapporto sessuale. Il re dei Kuntala, Shatakarni Shatavahana, uccise con le forbici la sua grande regina Malayavati, e Naradeva, che aveva la mano deformata, rese cieca una danzatrice sbagliando il tiro di un oggetto appuntito.

I due brani che seguono trattano questo stesso tema: «Queste cose non possono essere elencate, né regolate. Quando il rapporto è iniziato solo la passione dà origine a tutte le azioni dei vari luoghi».

«Simili atti passionali, gesti amorosi o movimenti che nascono dallo stimolo del momento e durante l'unione sessuale, non possono essere elencati e sono mutevoli come i sogni. Un cavallo, una volta raggiunto il quinto stadio del movimento, prosegue alla cieca, incurante delle buche, dei fossati e dei pali che possono trovarsi sulla sua strada; così una coppia di amanti è accecata dalla passione, nell'ardore del rapporto e continua con grande impeto senza fare la minima attenzione agli eccessi. Per tale ragione un esperto nella scienza dell'amore, consapevole della sua forza come anche della tenerezza, dell'impetuosità e del vigore delle giovani donne, deve agire di conseguenza. Le diverse maniere di fare l'amore non possono essere considerate come norme valide in tutte le occasioni e con tutte le persone, ma devono essere praticate al tempo giusto e nel posto giusto».

8. LE DONNE CHE ASSUMONO IL RUOLO MASCHILE E AGISCONO COME UN UOMO

Quando l'uomo è stanco per un lungo rapporto che non ne ha appagato il desiderio la donna, col suo permesso, deve farlo distendere sul dorso e aiutarlo assumendone il ruolo. Ella può agire così sia per soddisfare la curiosità del suo amante e sia per desiderio di novità. Ciò può verificarsi sia quando durante il rapporto la donna si rigira e assume il ruolo dell'uomo proseguendo il rapporto senza diminuire il piacere, sia quando fin dall'inizio si comporta come un uomo. In quest'ultimo caso, con i fiori sui capelli sciolti sulle spalle, sorridendo e respirando a stento, deve premere il seno sul petto dell'amante, abbassando il capo deve fare ciò che prima faceva l'uomo e ricambiando i suoi colpi deve farsi gioco di lui dicendo: «Io giacevo sotto di te stanca di un rapporto difficile; ora sarò io che ti farò godere». Quindi ella deve mostrarsi, timida, stanca e desiderosa di concludere il rapporto. Nel modo che ora descriveremo la donna deve fare la parte dell'uomo.

La funzione dell'uomo è tutto ciò che egli fa per far godere la donna ed essa viene compiuta nel seguente modo. Mentre la donna giace sul letto e sembra distratta dalla conversazione, l'uomo deve sciogliere i nodi della sua biancheria e se ella tenta di sfuggirgli, deve riempirla di baci. Poi, quando il suo pene è eretto, deve toccarla e accarezzarla in varie zone del corpo. Se la donna è timida ed è il loro primo convegno, l'uomo deve porle le mani fra le sue cosce chiuse; se ella è molto giovane l'uomo deve mettere le mani sul seno, che quasi sicuramente la donna nasconde con le sue, sotto le ascelle e sul collo. Se al contrario è una donna adulta l'uomo deve fare qualsiasi cosa che possa procurare piacere a entrambi. Dopo l'uomo deve prenderle i capelli e sollevandole il mento con le dita, deve baciarla. Ma l'uomo deve cercare di capire le cose che, durante il rapporto, possono farla godere, dal suo modo di comportarsi.

Suvarnanabha afferma che l'uomo, mentre avviene il rapporto e sta provando piacere a suo modo da una donna, dovrebbe premerle le zone del corpo che ella guarda.

Una donna mostra di provare piacere e di essere soddisfatta quando si abbandona, chiude gli occhi, mette da parte la timidezza, e mostra un grande desiderio di unire i due organi. Al contrario non prova piacere e non è appagata se agita le mani, se non permette all'uomo di alzarsi, se si sente depressa, se morde l'uomo e lo prende a calci e se prosegue nel movimento anche quando l'uomo ha ormai finito. In tal caso l'uomo prima deve accarezzare con le dita la vagina finché non sia divenuta umida e poi penetrarla di nuovo. L'uomo deve compiere le azioni seguenti: 1. Muovere in avanti. 2. Frizionare a zangola. 3. Penetrare. 4. Strofinare. 5. Pressione. 6. Dare un colpo. 7. Il colpo del verro. 8. Il colpo del toro. 9. La caccia al passero.

1. Il «muovere in avanti» va fatto quando gli organi sono uniti in modo conveniente e diretto.

2. La «zangola» avviene quando il pene viene afferrato e girato attorno alla vagina.

3. Il «penetrare» si ha quando la vagina è abbassata e il pene colpisce la sua parte superiore.

4. Lo «strofinare» si ha quando la stessa azione è compiuta nella zona inferiore della vagina.

5. La «pressione» avviene quando il pene preme a lungo la vagina.

6. Il «dare un colpo» si ottiene quando il pene è posto a una certa distanza dalla vagina e la colpisce con vigore.

7. Il «colpo del verro» avviene quando il pene strofina soltanto una parte della vagina.

8. Il «colpo del toro» si ha quando il pene strofina entrambi i lati della vagina.

9. La «caccia al passero» si ottiene quando il pene si muove in su e in giù nella vagina senza essere portato fuori. Tale movimento si esegue alla fine del rapporto.

Quando la donna assume la parte dell'uomo, oltre alle nove

azioni sopra elencate, deve anche eseguire: 1. La pinza. 2. La trottola. 3. Il dondolio.

1. Quando la donna ha il pene nella vagina e la contrae, premendolo e tenendolo dentro a lungo avviene la «pinza».

2. Quando durante l'unione, ella si gira come una ruota si ha la «trottola». Ciò s'apprende soltanto con l'esperienza.

3. Quando nel corso del rapporto l'uomo solleva la parte centrale del corpo e la donna volta la sua si ottiene «il dondolio».

La donna quando è stanca deve posare la fronte su quella dell'uomo e riposarsi sensa disturbare il rapporto; quando si è riposata, l'uomo deve voltarsi e iniziare un nuovo rapporto.

Su questo tema sono stati scritti i seguenti versi:

«Sebbene la donna sia riservata e celi i propri sentimenti, quando compie la funzione dell'uomo, manifesta tutto il suo amore e desiderio. Un uomo deve comprendere dalle azioni di una donna il suo carattere e come appagarne i desideri. Una donna che abbia le mestruazioni, o che è stata a lungo rinchiusa o che sia grassa non può assumere il ruolo maschile».

9. L'AUPARISHATAKA O AMPLESSO NELLA BOCCA

Ci sono due diversi tipi di eunuchi: quelli che si travestono da uomini e quelli che si travestono da donne. Questi ultimi indossano vesti muliebri e imitano i discorsi, i gesti, la tenerezza, la semplicità, la dolcezza e il pudore delle donne. Gli eunuchi praticano con la bocca gli stessi atti che la donna compie con la parte centrale del corpo o *jaghana*; quest'azione con la bocca è detta «auparishataka». Con tale tipo di unione essi riescono a godere di un immaginario piacere e riescono a trarne il loro sostentamento, conducendo la vita delle cortigiane.

Gli eunuchi che adottano un travestimento maschile celano i loro vizi e quando provano dei desideri, massaggiano gli uomini. Per essi il massaggio è una scusa per abbracciare e avvicinare le cosce dell'uomo che sta massaggiando; infatti dopo ciò gli tocca l'attaccatura delle cosce e lo jaghana. Se trova il pene in erezione, lo stringe con le mani e gioca con esso. Se dopo ciò e dopo aver compreso le sue intenzioni, l'uomo non dice all'eunuco di continuare, questo lo fa di sua spontanea volontà e inizia il rapporto. Se invece l'uomo gli ordina di procedere, allora l'eunuco discute con lui e accetta soltanto dopo molte difficoltà.

Queste sono nell'ordine le azioni compiute dagli eunuchi: 1. Unione simbolica. 2. Mordere i lati. 3. Premere i lati. 4. Premere internamente. 5. Baciare. 6. Pulitura. 7. Succhiare un succo di mango. 8. Inghiottire.

Dopo ogni singolo atto, l'eunuco desidera smettere; l'uomo invece quando uno se ne conclude, desidera compierne un altro e dopo questo un altro ancora, e così via di seguito.

1. L'«unione simbolica» si ha quando l'eunuco afferra il pene dell'uomo, lo porta fra le labbra e muove la bocca.

2. Il «mordere ai lati» si ha quando, serrando la base del pene con le dita unite come il bocciolo di una pianta o di un fiore, l'eunuco ne preme i lati con le labbra, servendosi anche dei denti.

3. Il «premere ai lati» avviene quando, desiderando l'uomo proseguire, l'eunuco stringe tra le labbra l'estremità del pene e lo bacia come se volesse mozzarlo.

4. Il «premere internamente» si ottiene quando, avendo l'uomo espresso il desiderio di proseguire, l'eunuco prende il pene nella bocca, lo stringe tra le labbra e poi lo porta fuori.

5. Il «baciare» avviene quando dopo aver preso il pene fra le mani, egli lo bacia come se stesse baciando il labbro inferiore.

6. La «pulitura» si ha quando l'eunuco, dopo aver baciato il pene, lo strofina tutto con la lingua, che poi passa sulla punta.

7. Il «succhiare un frutto di mango» si ottiene quando, in modo simile, egli pone la metà del pene nella bocca, lo bacia vigorosamente e lo succhia.

8. L'«inghiottire» infine avviene quando, col consenso dell'uomo, l'eunuco prende in bocca l'intero pene fino all'estremità come se dovesse inghiottirlo.

Durante un tale genere di rapporto si possono compiere atti come il percuotere, il graffiare ed altri ancora. L'auparishtaka è praticato anche da donne dissolute e con cattivi costumi, domestiche, serve non sposate, che vivono praticando massaggi e frizioni. Gli Acharya affermano che l'uomo che pratichi l'auparishtaka è paragonabile ad un cane, poiché questa pratica è volgare e contraria alle regole della Sacra Scrittura, e l'uomo stesso prova dolore portando il suo pene a contatto con le bocche degli eunuchi e delle donne. Vatsyayana, invece, afferma che le norme della Sacra Scrittura non vietano alle cortigiane di praticare questa abitudine, ma essa è proibita solo alle donne sposate. Sulle calunnie al maschio si può facilmente ovviare.

Il popolo di *Ahichatra*, pur frequentando tali donne, non compie con loro questo atto. Il popolo di Saketa compie con queste donne ogni tipo di rapporto con la bocca, mentre la gente di Nagara non esegue tali pratiche ma compie altre azioni.

Gli abitanti del paese di Shurasena, sulla sponda meridionale dello Djumnah, non esistano a compiere qualsiasi azione, poiché credono che le donne siano impure per natura e nessuno può essere certo del loro carattere, della loro purezza, del loro temperamento, delle loro pratiche, delle loro confidenze e dei loro discorsi. Ma esse non devono venire abbandonate a motivo di ciò, poiché la legge religiosa, dalla cui autorità sono considerate pure, dichiara che la mammella di una mucca durante la mungitura è pulita, anche se gli Indiani ritengono sporche sia la bocca di una mucca che quella del vitellino. Un cane è pulito quando durante la caccia afferra un cerbiatto, anche se il cibo che tocca è considerato sporco. Un uccello è pulito quando fa cadere da un albero un frutto beccandolo, ma ciò che mangiano i corvi e gli altri uccelli è considerato sporco. Perciò durante il rapporto, la bocca della donna è pulita per baciare e altre cose simili. Vatsyayana ritiene che in tutto ciò che riguarda l'amore, ognuno deve agire secondo gli usi del proprio paese e secondo il proprio carattere. I seguenti versi riguardano questo tema:

«I servi di alcuni uomini eseguono l'amplesso nella bocca col loro padrone. L'unione nella bocca viene compiuta anche da alcuni cittadini che si conoscono bene fra di loro. Alcune donne dell'harem, quando sono innamorate praticano gli atti della bocca l'una sulla vulva dell'altra, e alcuni uomini fanno lo stesso con le donne. Questa "tecnica" è molto simile a quella del bacio sulla bocca. Quando un uomo e una donna giacciono all'inverso, cioè con la testa dell'uno vicino ai piedi dell'altra e eseguono questa unione, avviene "l'unione del corvo"».

Per desiderio di tali cose, le cortigiane abbandonano uomini dotati di ottime qualità, abili e generosi, per mettersi con persone di bassa condizione, come schiavi e conduttori di elefanti. Il dotto bramino, il ministro di stato e l'uomo che gode di una buona reputazione, non devono mai effettuare l'auparishtaka, perché anche se tale pratica è ammessa dallo Shastra, non è necessario eseguirla se non in casi particolari. La carne di cane, ritenuta molto gustosa e digeribile da alcuni testi di medicina, non deve per questo essere mangiata dall'uomo saggio. Queste pratiche tuttavia diventano necessarie per rispetto verso alcuni uomini, luoghi e tempi. Un uomo deve considerare molto attentamente il luogo, il tempo e la pratica da compiere, e anche tutto ciò che si addice alla sua natura o a quella dell'altro; e giudicare se tale pratica vada eseguita secondo i casi. D'altronde, dato che queste cose si svolgono in segreto e poiché la mente umana è volubile, come si può conoscere quello che ogni persona farà in un particolare momento e per un particolare scopo?

10. COME INIZIARE E COME TERMINARE L'AMPLESSO. I VARI TIPI DI UNIONE E I LITIGI AMOROSI

Il cittadino dovrà accogliere nella stanza del piacere la donna che arriverà dopo aver preso un bagno, già vestita, ornata di fiori e profumata, insieme ai suoi amici e ai servitori. Egli la inviterà a prendere qualcosa per rinfrescarsi e a bere liberamente; poi le chiederà di sedersi alla sua sinistra; dovrà quindi cingerla col braccio sinistro prendendole i capelli e toccando l'orlo e i nastri del suo vestito. Poi entrambi devono fare piacevolmente conversazione sui diversi argomenti, parlando anche di cose considerate volgari e che in genere non sono trattate in presenza di amici. Essi possono cantare, con o senza gesti, suonare strumenti musicali, discutere sulle arti e invitarsi scambievolmente a bere. Quando la donna è sopraffatta dall'amore e dalla passione, il cittadino deve congedare gli amici, offrendo loro fiori, unguenti e foglie di betel. Rimasti soli, devono seguire tutte le norme che abbiamo descritto nei capitoli precedenti, che concernono l'inizio del rapporto sessuale. Ecco la descrizione di come si concluderà il rapporto. Finita l'unione, gli amanti, senza guardarsi e con riserbo, devono recarsi nella stanza da bagno, ognuno per proprio conto. Fatto ciò devono mangiare, seduti ai loro posti, foglie di betel, e il cittadino deve ungere con la mano il corpo della donna servendosi di un unguento di sandalo o di altro tipo. Poi egli deve cingere la donna col braccio sinistro e, parlandole dolcemente, convincerla a bere dalla sua coppa, oppure offrirle dell'acqua. Insieme possono gustare dolci o qualsiasi altra cosa desiderino, bere un succo fresco, una pappa di farina d'avena, estratti di carne, sorbetti, succo di mango, succo zuccherato di limone, e qualsiasi altra bevanda dolce, gradevole e naturale, secondo le abitudini del paese. Essi possono sedersi sulla terrazza del palazzo, conversando piacevolmente e godendo il chiaro di luna. Mentre la donna giace sul suo grembo, con il viso rivolto al cielo, il cittadino deve indicarle i pianeti, la stella del mattino, la stella polare, e le sette Rishi o costellazione dell'Orsa Maggiore. In tal modo deve concludersi l'unione sessuale.

Differenti tipi d'unione: 1. Unione amorosa. 2. Unione per amore susseguente. 3. Unione per amore artificiale. 4. Unione per amore trasposto. 5. Unione simile a quella degli eunuchi. 6. Falsa unione. 7. Unione per amore spontaneo.

1. L'«unione amorosa» si ha quando un uomo e una donna, che si sono amati per qualche tempo, tornano insieme con grande difficoltà, oppure quando uno dei due fa ritorno da un viaggio, oppure fanno la pace dopo essere rimasti separati a causa di un litigio. Essa avviene secondo i desideri degli amanti e dura quanto essi vogliono.

2. L'«unione per amore susseguente» è quella tra due persone che si uniscono quando il loro amore è all'inizio.

3. L'«unione per amore artificiale» si ha quando un uomo compie il rapporto eccitandosi con i sessantaquattro metodi, come il bacio ecc., o quando un uomo o una donna si uniscono pur essendo innamorati di altre persone. In questo caso bisogna mettere in pratica tutte le regole e i mezzi del Kama Shastra.

4. L'«unione per amore trasposto» avviene quando dall'inizio alla fine del rapporto, l'uomo, pur accoppiandosi con un'altra donna, finge per tutto il tempo di essere con la donna amata.

5. L'«unione simile a quella degli eunuchi» si ha tra un uomo e una fantesca che trasporta l'acqua o una serva di casta più bassa e dura solo fino al soddisfacimento del desiderio. In questo caso non sono leciti né baci né carezze.

6. L'«unione falsa» è quella che ha luogo fra una cortigiana e un contadino e quella fra i cittadini e donne di villaggi e paesi limitrofi.

7. L'«unione spontanea» è quella che avviene fra due persone

innamorate l'una dell'altra e che si verifica soltanto per il loro desiderio.

Con ciò si conclude l'elenco dei vari tipi di unione.

Parleremo adesso delle dispute amorose.

Una donna molto innamorata, non tollera che l'uomo pronunci il nome della sua rivale, né che parli di lei, né che per errore la chiami col suo nome. Quando ciò accade, nasce una grande lite, e la donna grida, s'infuria, s'arruffa i capelli, percuote l'amante, si getta dal letto o dalla sedia, e lanciando lontano le sue ghirlande e i suoi ornamenti, si rotola per terra. Allora l'amante deve cercare di fare pace con lei, scusandosi, e sollevandola con dolcezza, deve adagiarla sul letto. La donna senza rispondere alle sue domande, sempre più irata, deve piegare il capo dell'amante e strappargli i capelli, poi deve avviarsi verso la porta dopo avergli sferrato calci sulle braccia, sulla testa, sul petto e sulla schiena. Secondo il parere di Dattaka la donna deve sedersi adirata presso la porta e piangere, senza però uscire dalla stanza, perché se va via può essere rimproverata. Dopo breve tempo, quando pensa che le parole di scusa e le azioni dell'amante siano sufficienti per il perdono, ella deve abbracciarlo, rivolgergli rimproveri pungenti, manifestando contemporaneamente un affettuoso desiderio di unione. Se il litigio ha luogo nella sua casa, la donna deve recarsi dall'amante, mostrargli quanto sia irata e andare via. Dopo, non appena l'uomo ha inviato presso di lei il *Vita*, il *Vidushaka* o il *Pithamarda* per riconciliarsi, ella deve accompagnare questi a casa dell'amante e passare la notte con lui. Qui terminano le liti d'amore.

Si può concludere affermando che un uomo, osservando i sessantaquattro metodi descritti da Babhravya, ottiene il suo scopo e gode delle donne migliori. Se non conosce tutte le sessantaquattro arti, non potrà ottenere il rispetto nell'assemblea degli uomini colti, anche se è esperto di altri argomenti ed è in grado di parlarne bene. Al contrario un uomo ignorante, ma grande conoscitore delle sessantaquattro arti, diventa un capo in ogni ambiente composto di uomini e di donne. Chi è quell'uomo che non si atterrà alle sessantaquattro arti, sapendo che esse sono seguite e rispettate da uomini abili e colti e dalle cortigiane? Gli Acharya credono che le sessantaquattro arti siano particolarmente care alle donne: esse infatti sono rispettate, affascinanti e accrescono la loro abilità amatoria.

PARTE TERZA

Come prendere moglie

1. IL MATRIMONIO

I precetti della Sacra Scrittura dicono che quando un uomo si unisce in matrimonio con una vergine della sua stessa casta, i frutti dell'unione sono l'ottenimento del Dharma e dell'Artha, la procreazione, una maggior comprensione e affinità, molti amici e un amore duraturo. Per tali motivi egli dovrebbe scegliere una ragazza di buona famiglia, i cui genitori siano vivi, di tre anni o poco più giovane di lui. La fanciulla dovrebbe appartenere ad una famiglia di condizione elevata e rispettabile, ricca, con relazioni sociali ottime e amici di un certo livello. Ella deve essere bella, di carattere dolce, con segni della fortuna sul corpo, con capelli, occhi, denti, orecchie, unghie e seno belli; non dovrebbe essere priva di nessuna di queste caratteristiche, e non deve avere un corpo sgraziato. Queste qualità dovrebbero appartenere anche all'uomo. Ghotakamukha afferma che non si dovrebbe mai amare una ragazza che non sia più vergine, che è già stata con altri, perché ciò potrebbe essere cosa indegna. Per realizzare il matrimonio con una fanciulla fornita delle caratteristiche elencate, è necessario l'intervento dei genitori, parenti e amici dell'uomo; se si vuole maggiore aiuto potranno essere chiamati in causa, da entrambe le parti, gli amici che si desidera far partecipare alla preparazione del matrimonio. Tali amici dovrebbero far considerare ai genitori e ai parenti della fanciulla i difetti presenti e futuri degli altri pretendenti, lodando invece il loro amico, anche con qualche esagerazione, elencando le qualità sue personali e quelle della sua famiglia, in modo da renderlo gradito ai parenti della fanciulla e in particolare a quelle persone ascoltate dalla madre che riescono ad influenzarla. Un amico travestito da astrologo dovrebbe garantire ai presenti la buona fortuna e assicurare circa la ricchezza del pretendente; dovrebbe inoltre evidenziare la presenza di presagi e segni favorevoli, l'influenza positiva dei pianeti, l'entrata propizia del sole nel segno dello Zodiaco, la presenza di astri favorevoli e quella dei segni della fortuna sul corpo dell'uomo. Altri dovrebbero far ingelosire la madre dicendo che il loro amico avrebbe l'occasione di sposare un'altra donna di condizione sociale più elevata.

Poiché secondo Ghotakamukha un uomo non può sposarsi

quando vuole, una fanciulla dovrebbe essere presa in moglie solo quando la fortuna, gli auspici, i segni e le opinioni degli altri sono favorevoli. Una fanciulla, richiesta in matrimonio mentre sta dormendo, piangendo, o uscendo di casa, oppure già fidanzata con un altro, non dovrebbe essere sposata. Bisogna evitare di prendere in moglie fanciulle dei seguenti tipi: Quelle tenute nascoste. Quelle che non hanno un bel nome. Quelle col naso schiacciato. Quelle con le narici rivolte in su. Quelle col fisico mascolino. Quelle che camminano curve. Quelle con le cosce arcuate. Quelle con la fronte sporgente. Quelle calve. Quelle che non amano la purezza. Quelle che hanno subìto violenza. Quelle affette da gulma. Quelle in qualche maniera sfigurate. Quelle che hanno raggiunto la piena pubertà. Le amiche. Le sorelle più giovani. Quelle che sono Varshakari.

È considerata indegna anche la fanciulla che porti il nome di uno dei ventisette astri, il nome di un albero o di un fiume, o quella con un nome che finisce per «r» o con «l». Molti autori, tuttavia, affermano che la felicità arride a coloro che sposano la fanciulla amata, e quindi non si dovrebbe sposare una fanciulla senza amore.

Quando una fanciulla raggiunge l'età da marito, i genitori dovrebbero vestirla con abiti eleganti e condurla in luoghi dove ella possa essere ammirata facilmente. Il pomeriggio, dopo averla agghindata e ornata, dovrebbero mandarla a praticare sport insieme a dame di compagnia, ad assistere a cerimonie come sacrifici e matrimoni, e in tal modo mostrarla in società, dato che è una specie di mercanzia.

I genitori dovrebbero ricevere con cortesia e amicizia coloro che abbiano un aspetto gradevole e propizio che vengano a chiederla in moglie, accompagnati da parenti e amici, e con qualche scusa dovrebbero presentare loro la fanciulla decorosamente vestita. Dopo di ciò essi dovranno aspettare i segni della fortuna e stabilire un incontro in un giorno futuro, per decidere il matrimonio della loro figlia. Nel giorno fissato, i genitori della ragazza dovranno invitare tutti i presenti a fare un bagno e a mangiare e poi diranno: «Ogni cosa avrà luogo a suo tempo» e non dovranno esaudire la richiesta, ma attendere di definire le cose in seguito. Ottenuta la fanciulla in moglie o secondo gli usi del paese o secondo i suoi desideri, l'uomo la sposerà osservando i precetti della Sacra Scrittura, contraendo uno dei quattro tipi di matrimonio.

I versi seguenti riguardano l'argomento:

«Giochi di società, come completare versi iniziati da altri, matrimoni, cerimonie augurali non vanno fatti né con persone superiori né inferiori, ma con nostri uguali. Un matrimonio in cui l'uomo, dopo aver sposato la ragazza, debba servire lei e i suoi parenti come un domestico, viene chiamato di alta parentela ed è sicuramente biasimato dalle persone oneste. D'altro canto, la riprovevole condizione in cui un uomo, dopo il matrimonio, deve

servire insieme con i parenti, la moglie, sarà detta dai saggi una
bassa parentela. Ma quando sia l'uomo che la donna siano fonte
di gioia e di piacere l'uno per l'altra e i rispettivi parenti si
onorino gli uni con gli altri allora si può parlare di vera parentela.
Un uomo quindi non deve acquisire un'alta parentela, che lo
obblighi poi ad inchinarsi davanti ai suoi simili, né deve contrarre
un matrimonio del secondo tipo, che è da tutti condannato e
biasimato».

2. COME FAR NASCERE LA FIDUCIA NELL'ANIMO DELLA
   FANCIULLA

Nei primi tre giorni che seguono il matrimonio, l'uomo e la
fanciulla dormiranno sul pavimento e non avranno nessun
rapporto sessuale, mangeranno cibo privo di sale e alcaloidi. Per
sette giorni, faranno il bagno accompagnati da suoni augurali di
strumenti musicali, si adorneranno, pranzeranno insieme e si
intratterranno con parenti ed amici e con tutti coloro che siano
stati invitati a prendere parte al matrimonio. La notte del decimo
giorno, l'uomo comincerà ad avvicinarsi alla fanciulla in un luogo
appartato, parlandole con dolcezza e cercando di far nascere la
confidenza nel suo animo.

Alcuni autori sostengono che il marito per conquistare la
moglie debba aspettare tre giorni prima di rivolgerle la parola, ma
i discepoli di Babhravya ritengono che se l'uomo non le parla per
tre giorni, la donna potrebbe avvilirsi vedendolo freddo e
distaccato e quindi disprezzarlo come un eunuco. Vatsyayana è
del parere che l'uomo dovrebbe cercare di entrare in confidenza
con la moglie fin dall'inizio, astenendosi però da ogni rapporto
sessuale. Le donne, essendo per natura dolci, vogliono che s'inizi
dolcemente; quando sono avvicinate con la forza dagli uomini che
ancora non conoscono, possono spesso odiare il rapporto sessuale
o addirittura il sesso maschile. L'uomo deve perciò rispettare i
desideri della fanciulla e usare i modi opportuni per conquistare
sempre di più la sua confidenza. I modi che l'uomo deve usare
sono i seguenti.

Deve abbracciarla dapprima nel modo a lei più gradito, dato
che questo non ha lunga durata. Deve farlo con la parte superiore
del corpo, essendo più facile. Se ella è già adulta o se l'uomo la
frequenta da tempo, può farlo alla luce del sole, altrimenti lo
dovrà fare al buio.

Se la fanciulla ha piacere d'essere abbracciata, l'uomo le porrà
in bocca una «tambula», ossia un rametto di noce d'areca e foglie
di betel; ma se ella non accetta di prenderlo, l'uomo la persuaderà
con parole concilianti, preghiere, giuramenti, inginocchiandosi ai
suoi piedi. Infatti tutti sanno che la donna, per quanto possa
essere timida o adirata, non disprezza mai l'uomo che si inginoc-
chia davanti a lei.

Porgendole la «tambula» lo sposo la bacerà dolcemente e leggermente, senza emettere alcun suono. Dopo aver vinto la resistenza della fanciulla, egli la farà parlare interrogandola su cose che non conosce o finge di non conoscere e a cui ella può rispondere con poche parole.

Se la fanciulla non gli risponde, non dovrà farle paura, ma continuare a fare le stesse domande e sempre in tono conciliante.

Se poi ella ancora non parla, l'uomo dovrà esortarla a farlo, poiché come dice Ghotakamukha «tutte ascoltano ciò che gli uomini dicono, ma spesso non rispondono nemmeno con una parola». La fanciulla così esortata risponderà con cenni del capo; ma se è in discordia con l'uomo, non farà neanche questo.

Se lo sposo le chiederà se ami restare in silenzio per un certo tempo e la solleciterà a rispondere, ella lo farà accennando di sì con la testa. Se egli la conosce già da tempo, le parlerà tramite un'amica comune a lui favorevole che avrà l'incarico di condurre la conversazione per entrambi. In tal caso la fanciulla sorriderà col capo chino e se l'amica dice in sua vece molte più cose di quanto lei desideri, la redarguirà discutendo con lei.

L'amica dirà per gioco anche ciò che la fanciulla non desidera venga detto, aggiungendo poi: «Così ella dice». A questo punto la fanciulla dirà confusamente: «Oh no! Io non l'ho detto!» e sorriderà guardando l'uomo di sfuggita.

Se la fanciulla ha confidenza con l'uomo, metterà vicino allo sposo senza proferire parola, la tambula, l'unguento o la ghirlanda che egli può aver chiesto; oppure può metterli sopra i suoi vestiti. Mentre ella fa tutto ciò, egli le carezza il seno, come se la stesse premendo con le unghie; e se la fanciulla glielo vieta le dirà: «Non lo farò più se mi bacerai», invogliandola così a baciarlo.

Durante il bacio, l'uomo le accarezzerà più volte il corpo, pian piano, se la farà sedere in grembo, tentando di vincere la sua ritrosia; ma se ella ancora non cede la spaventerà dicendo: «Imprimerò i segni dei miei denti e delle mie unghie sulle tue labbra e sul tuo corpo e farò gli stessi segni sul mio. Poi racconterò ai miei amici che sei stata tu. Cosa dirai allora?». Con questo e con altri mezzi, come si fa con i bambini, un po' spaventandoli e un po' cercando di ottenere la loro fiducia, l'uomo cerca di convincere la fanciulla ad acconsentire ai propri desideri.

Nella seconda e terza notte, quando la ragazza ha acquistato maggiore confidenza, egli le farà carezze in tutto il corpo e la bacerà, mettendole le mani sulle cosce; se riuscirà a fare ciò, le carezzerà anche l'attaccatura delle cosce. Se la fanciulla tentasse di impedirglielo, le dirà: «Che male c'è?» e la convincerà a lasciarlo continuare. Dopo la toccherà nelle zone più intime; sciogliendole la cintura e sollevandole gli indumenti intimi accarezzerà le sue cosce nude. Farà tutto ciò servendosi di vari pretesti, ma non inizierà il rapporto sessuale vero e proprio.

Dopo le insegnerà le sessantaquattro arti dicendole quanto l'ama e confidandole le speranze che nutriva per lei all'inizio.

Prometterà di esserle fedele in futuro e allontanerà tutte le paure della fanciulla nei confronti di eventuali rivali; infine, dopo aver vinto la sua timidezza, inizierà il rapporto sessuale, ma in modo da non spaventarla. Questo è ciò che occorre fare perché nasca la confidenza nel cuore della fanciulla. Ci sono alcuni versi a questo proposito: «Un uomo che agisce secondo i desideri della fanciulla cercherà di farsi amare da lei e di conquistarne la fiducia. Chi sa come farsi amare dalle donne, come onorarle e come far nascere in loro la confidenza, diverrà oggetto d'amore. Chi invece trascura una fanciulla, ritenendola troppo timida, ne viene disprezzato come una bestia che ignori la psicologia dell'animo femminile. Inoltre una fanciulla presa contro la sua volontà da un individuo che non capisce l'animo delle donne, diviene nervosa, irrequieta e depressa, e comincia a odiare l'uomo che ha abusato di lei. Sentendo che il suo amore non è compreso e non viene corrisposto, ella sprofonda nella tristezza, odiando il sesso maschile; oppure, odiando il suo uomo, ricorre a relazioni con altri».

3. IL CORTEGGIAMENTO E IL MODO DI MANIFESTARE I PROPRI SENTIMENTI

Un uomo, a qualunque condizione sociale appartenga, non deve sposarsi senza avere prima tentato di interessare una fanciulla e di ottenere la stima e l'amore fin da quando essa è ancora bambina. Allo stesso modo, un giovane che vive lontano dalla sua famiglia, in casa dello zio, deve cercare di attirare la cugina o qualche altra ragazza, anche se promessa ad un altro. Ghotakamukha afferma che questa maniera di ottenere i favori di una fanciulla è indiscutibile, poiché si può ottenere il Dharma con tali mezzi e con altre forme di matrimonio. Un giovane che ha cominciato a corteggiare la fanciulla che ama, dovrebbe passare il tempo in sua compagnia, divertendola con svaghi adatti alla sua età e al grado di confidenza che ha con lei, come raccogliere e disporre fiori, far ghirlande, giocare alla famiglia, fingere di cucinare, giocare a dadi e a carte, a pari e dispari. E ancora il gioco di scoprire il dito medio, il gioco dei sei sassolini e altri giochi noti graditi alla fanciulla. Inoltre egli dovrebbe organizzare giochi a cui possano prendere parte molte persone, come nascondino, il gioco dei semi, nascondere oggetti sotto tanti mucchietti di grano e poi cercarli, mosca cieca; fare esercizi ginnici e altri giochi del genere, sempre insieme alla ragazza, ai suoi amici e alle sue domestiche. L'uomo dovrà mostrarsi gentile con le donne che ella consideri degne, e farà anche nuove conoscenze, ma soprattutto dovrà cercare di accattivarsi la simpatia della figlia della nutrice, con la gentilezza e piccoli riguardi; infatti se riesce ad ingraziarsela, pur venendo a sapere dei suoi progetti, ella farà in modo che non sorgano complicazioni, ma anzi in alcuni casi sarà capace di condurre a buon esito l'unione. Ella descriverà le ottime qualità dell'uomo ai genitori della fanciulla e ai conoscenti, anche se le è noto il suo vero carattere, e anche senza il suo consenso.

L'uomo, inoltre, deve fare tutto ciò che la fanciulla gradisce e deve riuscire a soddisfare i desideri. Dovrà cercare svaghi nuovi che altre ragazze difficilmente conoscono, mostrarle una palla variopinta e altre cose del genere, donarle bambole di pezza, di legno, di corno di bufalo, d'avorio, di cera, di segatura o di terra; regalarle utensili per cuocere il cibo e figure di legno, come un uomo e una donna in piedi, un paio di arieti, di capre o di pecore, tempietti di terra, di bambù o di legno dedicati a varie divinità, gabbie per pappagalli, cuculi, stornelli, quaglie, galli e pernici; stoviglie di diverso genere e di elegante fattura, macchine che gettino acqua, chitarre, mensole per poggiarvi immagini, sgabellini, lacca, arsenico rosso, unguenti gialli, cinabro e collirio, legno di sandalo, zafferano, noce d'areca o foglie di betel. L'uomo potrà offrirle tali doni in diverse occasioni, ogni volta che avrà l'opportunità d'incontrarla in pubblico e secondo le circostanze. Egli userà tutti i modi per farsi considerare da lei come colui che farà qualsiasi cosa per soddisfare i suoi desideri.

In seguito l'uomo dovrà convincere la fanciulla ad incontrarlo in qualche luogo privatamente e confidandole il motivo per cui le ha fatto regali in segreto, le dirà che temeva il biasimo dei genitori e che i doni erano molto desiderati da altre persone. Quando comincerà a capire di essere amato dalla ragazza, le narrerà delle storie divertenti, se ella desidera ascoltarle; se mostra di gradire i giochi di prestigio, la divertirà con vari trucchi; se invece le piace assistere a rappresentazioni artistiche egli ne farà sfoggio con grande abilità. Se la fanciulla ama cantare, egli l'accompagnerà con la musica: quando andranno insieme alle fiere e alle feste, oppure ella farà ritorno a casa dopo un'assenza, egli le donerà mazzi di fiori, ghirlande per il capo, orecchini e anelli. L'uomo, col pretesto di insegnare le sessantaquattro arti alla figlia della nutrice, farà conoscere alla ragazza la propria abilità nell'arte del piacere sessuale.

Durante tutto questo tempo, egli dovrà indossare abiti eleganti, curando sempre il suo aspetto, perché le giovani donne apprezzano che gli uomini che vivono con loro siano belli, e che siano sempre di aspetto piacevole e ben vestiti. Inoltre, sono solo chiacchiere quelle che affermano che una donna innamorata non cercherà mai di attrarre l'uomo amato.

Una fanciulla fa capire il suo amore con i gesti e con il suo modo di agire. Ella non guarda mai l'uomo in volto e prova vergogna se viene guardata; con vari pretesti gli mostra braccia e gambe; lo guarda di nascosto quando egli non è più vicino a lei; china il capo se egli le pone qualche domanda e gli risponde con parole indistinte e mezze frasi; ella prova piacere a rimanere lungo tempo in sua compagnia, parla ai suoi domestici in tono particolare per attirare la sua attenzione quando è distante e con vari pretesti gli fa osservare molte cose. Cerca di prolungare la conversazione con lui raccontandogli storie molto lentamente; abbraccia e bacia davanti a lui un bimbo che tiene in grembo; disegna la fronte delle sue domestiche con motivi ornamentali; fa gesti aggraziati se i servitori parlano con lei scherzosamente davanti a lui; si confida con gli amici dell'uomo, li rispetta, obbedisce loro, è gentile con i suoi servi e li comanda come se fosse la loro padrona; ascolta le storie che essi raccontano sul conto del suo amato. Entra nella sua casa quando la sollecita la nutrice, e aiutata da questa, cerca di fare conversazione e giocare con lui; non si lascia vedere se non è vestita e adornata e gli porge, per mano della domestica, i propri orecchini, anelli e ghirlande di fiori, se egli ne fa richiesta per poterli osservare. Indossa sempre gli oggetti che egli le ha donato, diventa triste quando i genitori parlano di un altro pretendente e non si unisce mai con le persone favorevoli al rivale.

A tale proposito vi è questo brano: «Un uomo che abbia compreso i sentimenti di una fanciulla nei suoi riguardi e che abbia notato le manifestazioni esteriori e gli atti con cui questi vengono espressi, farà qualsiasi cosa affinché si verifichi l'unione con questa fanciulla. Egli attirerà a sé una giovinetta con sport fanciulleschi, una damigella con la sua abilità nelle arti e una ragazza che lo ama ricorrendo alle persone in cui ella confida».

4. COME L'UOMO DEVE CONQUISTARE UNA FANCIULLA. I MODI DELLA FANCIULLA PER ATTRARRE L'UOMO E LEGARLO A SÉ

Quando una ragazza manifesta il suo amore con i gesti e i segni esteriori descritti già nei precedenti capitoli, il suo innamorato deve adoperare vari mezzi e modi per attirarla completamente a sé. Ad esempio: quando sta facendo con lei giochi o sport, deve tenerla per mano, baciarla nei modi che abbiamo detto. Farle vedere due figure umane che ha intagliato usando la foglia di un albero e altre simili cose, ognuna nella circostanza adatta. Se sono impegnati in sport d'acqua, nuotando lontano, deve avvicinarsi a lei pian piano. L'uomo deve farsi vedere interessato alla crescita delle tenere foglie degli alberi e ad altre cose del genere, e manifestare le pene che soffre per causa sua. Le narrerà anche il bellissimo sogno che ha avuto riguardo ad altre donne. Durante le feste o le riunioni, egli siederà accanto a lei e la toccherà con vari pretesti, appoggerà il suo piede su quelli di lei e le sfiorerà le dita premendo con le sue unghie; se la fanciulla non si oppone prenderà il suo piedino fra le mani ripetendo la stessa cosa. Se la fanciulla gli lava i piedi, stringerà le dita della sua mano e quando e dove egli le doni qualcosa oppure riceva da lei un regalo, le dimostrerà il suo amore con lo sguardo e il modo di agire. Spruzzerà su di lei l'acqua portata per lavarsi la bocca e se gli accadrà di restare solo con lei in un luogo appartato o al buio, le parlerà d'amore, dichiarando i suoi veri sentimenti, senza provocarle alcun dolore. Quando la fanciulla gli siede accanto sullo stesso sedile o sullo stesso letto le confiderà: «Ho qualcosa da dirti in privato» e se ella gli si avvicinerà in un luogo silenzioso per ascoltarlo, egli le manifesterà il suo amore più con i gesti che con le parole.

Quando l'uomo sarà riuscito a conoscere i sentimenti che la fanciulla nutre per lui, farà finta di essere malato affinché ella si rechi a casa sua per parlargli e qui le prenderà la mano e se la passerà sugli occhi e sulla fronte. Con la scusa di farle preparare qualche medicamento, le dirà che deve fare ciò per amor suo, con queste parole: «Questa è una cosa che deve essere fatta da te e da nessun altro». Quando la ragazza vorrà congedarsi, la lascerà andare pregandola con ardore di ritornare a trovarlo. L'uomo si fingerà malato per tre giorni e tre notti. Dopo ciò, ella comincerà a vederlo spesso e faranno insieme lunghi discorsi poiché come Ghotokamukha afferma: «Per quanto un uomo ami una fanciulla, non riuscirà mai a conquistarla completamente senza lunghe conversazioni». Non appena l'uomo s'accorge che la fanciulla è del tutto conquistata, comincerà a fare l'amore con lei. È un errore affermare che le donne abbiano meno vergogna di sera, di notte e al buio, che desiderino il rapporto sessuale e che non oppongono resistenza in questi momenti e che si debba unirsi con loro in queste ore. Se l'uomo non può dare corso ai suoi tentativi da solo, ricorre all'aiuto della figlia della nutrice oppure ad un'altra donna di cui la fanciulla abbia fiducia, farà in modo che ella si rechi da lui senza farle conoscere i suoi piani e si comporti quindi nel modo che abbiamo descritto. Oppure l'uomo potrà inviare una sua amica, inizialmente, a vivere con lei, tentando poi col suo aiuto di attrarre a sé la fanciulla.

Quando poi l'uomo avrà conosciuto i sentimenti che la ragazza nutre per lui attraverso il suo comportamento, durante le cerimonie religiose, i matrimoni, le fiere, le feste, gli spettacoli teatrali, le riunioni pubbliche e in altre occasioni simili, egli inizierà ad amoreggiare con lei quando è sola, perché secondo quanto sostiene Vatsyayana, le donne non sfuggono mai all'uomo amato se avvicinate a tempo e luogo opportuni.

Una fanciulla in età da marito, di buone maniere, bene educata ed istruita, anche se proveniente da famiglia di bassa condizione, oppure che abbia perso la ricchezza e quindi non sia più desiderata dai suoi pari, o una fanciulla orfana, vissuta lontano dai genitori ma ligia alle regole della propria famiglia e casta, che voglia sposarsi, deve cercare di conquistare un giovane forte e di bella presenza, ma non troppo intelligente, elemento questo che la rende sicura di farsi sposare anche senza il consenso dei genitori. La ragazza, rendendosi a lui necessaria e facendo in modo di vederlo spesso, raggiungerà il suo fine. Anche sua madre farà in modo che essi s'incontrino aiutati dalle sue amiche e dalla figlia della nutrice. La fanciulla cercherà di incontrare da sola il suo amato in un luogo solitario e regalerà fiori, noci d'areca, foglie di betel e profumi. Dimostrerà anche di essere molto brava nelle varie arti, nel toccare, nel graffiare, e nel premere con le unghie; parlerà di temi a lui graditi e converserà sui vari metodi e mezzi necessari per conquistare l'amore di una fanciulla. Antichi autori, con tutto ciò, affermano che non è decoroso per una fanciulla, anche se ama intensamente un uomo, offrirsi a lui o prendere iniziative per prima; in tal modo infatti può perdere la dignità, essere derisa e respinta. Se l'uomo desidera godere con lei, ella dovrà incoraggiarlo e non rifiuterà di essere abbracciata, accettando tutte le dimostrazioni di affetto e fingendo di non conoscerne le intenzioni. Ma se egli tenterà di baciarla, deve rifiutarsi; se l'uomo pregherà di avere con lei un rapporto sessuale, ella gli consentirà soltanto di toccarle le parti intime e con molta difficoltà, e per quanto egli possa persistere in tali richieste non cederà spontaneamente, ma gli farà resistenza. Tuttavia, quando sarà certa dell'amore, della devozione dell'uomo e della fermezza delle sue intenzioni, si concederà a lui persuadendolo a sposarla al più presto. Dopo aver perso la verginità la fanciulla lo confiderà ai suoi intimi amici.

Queste sono le azioni e gli sforzi che una fanciulla deve porre in atto per attirare e conquistare un uomo.

Vi sono alcuni versi su questo argomento:

«Una ragazza molto corteggiata sposerà l'uomo che le piace e che ritiene devoto, obbediente e capace di soddisfarla sessualmente. Ma quando una fanciulla è maritata dai genitori per desiderio di ricchezze ad un uomo, senza considerarne il carattere o l'aspetto, o quando è data in sposa ad un uomo che abbia già altre mogli, ella non si affezionerà mai a lui anche se dotato di ottime qualità e a lei sottomesso, se è attivo, vigoroso, sano e ansioso di farle piacere. Un marito obbediente ma ancora padrone di se stesso, per quanto povero e non bello, è sempre preferibile a colui che appartiene a più donne anche se bello e attraente. Generalmente, le mogli degli uomini ricchi, quando sono tante, non sono innamorate dei mariti e non hanno confidenza con loro e, pur avendo ogni lusso che la vita esteriore può offrire, ricorrono sempre ad altri uomini. Un uomo di mentalità meschina, decaduto dalla sua posizione sociale o che viaggia molto, non merita di essere sposato; lo stesso dicasi per coloro che hanno molte mogli e molti figli, e si dedicano solo allo sport o al gioco ricordandosi delle mogli solo quando lo desiderano. Tra tutti i pretendenti di una fanciulla, il vero marito è quello in possesso delle qualità a lei gradite; egli soltanto avrà potere su di lei».

5. ALCUNI TIPI DI MATRIMONIO

Quando una ragazza non può intrattenersi abbastanza spesso col suo innamorato in privato, invierà da lui la figlia della nutrice, della quale si fida e che ha saputo conquistare alla propria causa.

La donna illustrerà all'uomo le nobili origini della fanciulla, il suo buon carattere, le sue attitudini, la sua abilità e il suo intuito nel comprendere la natura umana e il suo affetto; farà ciò in modo tale che l'uomo non sospetti che è stata mandata dalla fanciulla, suscitando nel suo cuore l'amore per lei. La figlia della nutrice dovrà poi riferire alla padrona i pregi dell'uomo, in particolare quelli che ritiene le siano più graditi. Inoltre disprezzerà gli altri pretendenti, criticandone l'avarizia, l'indiscrezione dei parenti, la volubilità delle relazioni sociali. Farà l'esempio di molte fanciulle vissute nel passato, come Sakuntala ed altre che, avendo sposato persone della loro stessa casta e scelte liberamente furono sempre felici nella società cui appartenevano.

Ella parlerà anche di donne che sposarono uomini con famiglia numerosa, che divennero tristi e miserevoli per la presenza di altre mogli rivali e che infine furono abbandonate dai mariti. Parlando ancora dell'uomo, ne loderà la sua grande fortuna, la grande felicità, la castità, il rispetto e l'amore che prova verso la fanciulla, e se questa se ne innamora, la persuaderà a mettere da parte vergogna, timori e dubbi, poiché questi potrebbero influenzare negativamente il matrimonio.

In breve, la figlia della nutrice farà da messaggera, riferendo l'affetto che l'uomo sente per la ragazza indicandole quali luoghi egli frequenta, svelandole i tentativi dell'uomo per incontrarla, ripetendo spesso queste parole: «Sarebbe un'ottima cosa se egli ti portasse via con la forza e all'improvviso».

I tipi di matrimonio. Quando una ragazza è stata conquistata e si comporta come una moglie, l'uomo farà portare del fuoco dalla casa di un bramino e dopo aver sparso in terra l'erba *Kusha* e aver fatto un'offerta al fuoco, la sposerà secondo le norme religiose. Dopo di ciò egli informerà del matrimonio i genitori, perché gli antichi autori sostengono che un matrimonio celebrato alla presenza del fuoco, non può più essere sciolto. Una volta che il matrimonio è stato consumato, verranno informati i parenti e gli amici dell'uomo; a quelli della fanciulla, invece, sarà comunicato in maniera che essi lo approvino e giustifichino il modo in cui è stato celebrato; avendo fatto ciò gli sposi si sforzeranno di farsi perdonare con doni graziosi e con un comportamento adeguato.

Questo è il matrimonio di tipo *Gandharva*.

Quando una fanciulla non riesce a decidere oppure non è pronta per il matrimonio, l'uomo la prenderà con uno dei seguenti metodi:

1. Servendosi di un'amica fidata e conosciuta dai familiari della fanciulla, approfittando di un'occasione propizia e con un qualsiasi pretesto, egli deve far condurre all'improvviso l'innamorata a casa sua, e poi far portare del fuoco dalla casa di un bramino, procedendo nel modo che abbiamo descritto.

2. Quando si avvicina il giorno in cui la fanciulla dovrà sposare un rivale, egli dovrà screditare il futuro marito agli occhi

della madre di lei, e avendo fatto in modo che la fanciulla si rechi col consenso in casa di una vicina, porterà del fuoco dalla casa di un bramino e procederà come già abbiamo detto.

3. L'uomo dovrebbe stringere una solida amicizia col fratello della ragazza, suo coetaneo, assiduo compagno di cortigiane e abituato ad avere rapporti con le mogli altrui, e aiutarlo in queste faccende e fargli spesso dei doni. Poi dovrà confessare a lui l'amore che nutre per la sorella, poiché i giovani sono pronti a dare la vita per coloro che hanno la stessa età, gli stessi gusti e le stesse abitudini. Dopo di ciò, con l'aiuto del fratello, cercherà di incontrare la fanciulla in un luogo sicuro e avendo portato il fuoco dalla casa di un bramino, agirà come abbiamo descritto.

4. Durante le feste l'uomo dovrà ottenere che la figlia della nutrice dia del narcotico alla fanciulla e la conduca in un luogo sicuro con una scusa e qui, avendo abusato di lei prima che ella si riprenda, deve portare il fuoco dalla casa di un bramino e procedere nel modo già visto.

5. L'uomo con l'aiuto della figlia della nutrice, dovrà rapire dalla sua casa la fanciulla mentre dorme e portare il fuoco dalla casa di un bramino e agire come prima.

6. Quando la fanciulla va ai giardini o in un villaggio vicino, egli con i suoi amici, assalirà di sorpresa i suoi servi, li ucciderà o li farà fuggire per lo spavento, quindi s'impossesserà con la forza della fanciulla e agirà come sopra.

Su questo argomento esistono i seguenti versi:

«In tutti i matrimoni descritti in questo capitolo il primo tipo è quello migliore, poiché si avvicina di più ai precetti religiosi, e bisogna ricorrere agli altri solo quando esso si riveli impossibile. Poiché l'amore è lo scopo di tutti i buoni matrimoni, la forma *Gandharva* di matrimonio è rispettata, perché ottiene il fine voluto, anche se il rito viene celebrato in circostanze sfavorevoli. Questo tipo di matrimonio è rispettato anche perché reca felicità, la sua celebrazione dà meno pensieri di qualsiasi altro tipo ed è soprattutto il coronamento di un amore già esistente».

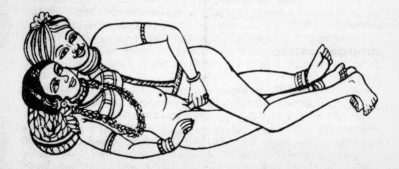

PARTE QUARTA
La moglie

1. COME DEVE VIVERE UNA DONNA VIRTUOSA E LA SUA CONDOTTA QUANDO NON C'È IL MARITO

Una donna virtuosa e devota al marito deve comportarsi secondo i desideri di questi, considerarlo quasi un essere divino e, se egli è d'accordo, deve prendersi la responsabilità della famiglia. È suo dovere tenere la casa in ordine e adorna di fiori, lucidare il pavimento affinché tutta la casa abbia un aspetto bello e pulito. Deve disporre attorno alla casa un giardino e tenervi pronto tutto l'occorrente per i sacrifici del mattino, del mezzogiorno e della sera. E ancora deve venerare il tempio degli Dèi della Casa poiché come dichiara Gonardiya: «Nulla attrae il cuore del padrone di casa verso la moglie quanto una particolare attenzione per le cose suddette». Inoltre la donna deve agire nei confronti dei genitori, parenti, amici, sorelle e domestici del marito, secondo il modo dovuto a ognuno. Ella deve coltivare nel giardino aiuole di verdura, canne da zucchero, alberi di fico, piante di senape, di prezzemolo, di finocchio; varie piante di fiori come il gelsomino, l'amaranto giallo, il gelsomino selvatico, la rosa della Cina e altri ancora. Ella dovrà rendere più bello il giardino con sedili e pergole e tra queste devono trovarsi una vasca, una cisterna e una piscina.

La moglie virtuosa deve evitare la compagnia di donne mendicanti, di accattone buddiste, di donne lascive e vagabonde, di chiromanti e streghe. Riguardo ai pasti deve rispettare i gusti del marito, considerando ciò che gli giova e ciò che lo danneggia.

Quando ode i passi del marito che ritorna, deve alzarsi subito ed essere pronta ad obbedirne i comandi e ordinare alla domestica di lavargli i piedi oppure farlo ella stessa. Dovunque vada in compagnia del marito, deve adornarsi; senza il suo permesso, non deve presenziare a matrimoni o sacrifici, non deve sedere in compagnia di amiche o visitare i templi degli dèi; inoltre non deve mai mettersi seduta prima di lui e mai alzarsi prima; quando egli dorme non deve svegliarlo. La cucina deve essere posta in un luogo quieto e appartato, dove gli estranei non entrino e deve essere sempre pulita. Se il marito commette una scortesia nei suoi confronti, ella non deve criticarlo eccessivamente, ma solo mostrare dispiacere. Non deve mai rivolgergli parole offensive, ma solo rimproverarlo con dolcezza, sia davanti agli amici che da solo. Ella inoltre non deve lamentarsi continuamente, poiché, come dice Gonardiya: «Per il marito nessun difetto, è più grande di questo». Infine non deve servirsi di espressioni volgari, deve evitare di fare il broncio, parlare alle spalle, stare sulla soglia, guardare i passanti, conversare piacevolmente nei boschetti e rimanere in luoghi solitari; inoltre deve sempre mantenere il proprio corpo ordinato, morbido e pulito.

Quando la moglie vuole accostarsi al marito in privato, deve vestirsi con molti ornamenti, vari tipi di fiori, con un abito variopinto, con unguenti e pomate profumate. Invece il suo abbigliamento quotidiano deve consistere in un vestito di tessuto leggero e a trama fitta, con pochi fiori e ornamenti e poco profumo. Inoltre ella deve osservare i digiuni e i voti del marito e se egli dovesse proibirglielo, deve convincerlo a concederle il permesso. La moglie deve acquistare terra, bambù, legna per il fuoco, pelli, pentole di ferro, sale e olio, nei momenti adatti e quando è conveniente economicamente. Deve tenere pronte per essere usate, sostanze fragranti, recipienti ricavati da frutti o dalle piante, nonché medicamenti ed altre cose utili ogni giorno e tenerle in un posto segreto della casa. È suo dovere acquistare e seminare nella stagione favorevole i semi del ravanello, della patata, della barbabietola comune, dell'assenzio indiano, del mango, del cetriolo, della melanzana, della kushmanda, della zucca, della surana, del legno di sandalo, dell'aglio, della cipolla e altre piante vegetali.

La moglie non deve svelare agli estranei l'ammontare del patrimonio, né i segreti che il marito le ha confidato. Deve cercare di superare le altre donne del suo ambiente per abilità, aspetto, arte del cucinare, orgoglio e modo di servire il marito. Deve fare in modo che le spese dell'anno siano pari alle entrate. Deve trasformare in burro il latte che avanza dopo i pasti, deve preparare l'olio e lo zucchero, filare e tessere in casa e quindi conservare una certa quantità di funi, corde, cortecce intere d'albero per la torcitura. Deve presenziare al pestaggio e alla mondatura del riso; pagare i salari ai servi, sorvegliare la coltivazione dei campi, l'allevamento delle mandrie e dei greggi, la costruzione degli arnesi, occuparsi dei montoni, dei galli, delle quaglie, dei pappagalli, degli stornelli, dei cuculi, dei pavoni, delle scimmie e dei cerbiatti. Ella deve donare gli abiti logori ai servi che hanno lavorato bene per dimostrare loro di avere apprezzato i loro servigi oppure può utilizzarli diversamente. La moglie si occupa anche del controllo dei recipienti adoperati per il vino e li mette da parte al momento giusto. Deve ricevere gli amici del marito offrendo loro fiori, unguenti, incenso, foglie e noci di betel. Deve mostrare rispetto per la volontà dei suoceri senza mai contraddirli, rivolgendo loro parole dolci e gentili; non deve ridere rumorosamente davanti a loro e deve trattare amici e nemici come se fossero suoi. Ella non deve essere né vanitosa né troppo amante degli svaghi; generosa con i servi deve ricompensarli con vacanze e premi, e non deve buttare via nulla senza il parere del marito.

Questo è il comportamento di una donna virtuosa.

Se il marito è via di casa per un viaggio, la moglie deve indossare solamente i suoi ornamenti di buon augurio e osservare i digiuni in onore degli dèi. Sebbene ansiosa di ricevere notizie del consorte non deve tralasciare gli affari di casa. Deve dormire vicino alla donna più anziana della casa e rendersi affabile. Sorveglierà e custodirà gli oggetti preferiti dal marito e porterà avanti i lavori intrapresi da lui. Non deve visitare i suoi conoscenti se non in caso di grande gioia o dolore, indossando abiti da viaggio e accompagnata dai domestici.

Deve osservare i digiuni e le feste col consenso delle persone anziane della casa; deve accrescere le entrate organizzando vendite e acquisti secondo gli usi dei mercanti, aiutata da onesti servitori che ella controlla. Aumenterà il reddito riducendo il più possibile le spese. Al ritorno del marito deve riceverlo con i suoi abiti quotidiani in modo da fargli vedere come ha vissuto mentre egli era assente, deve fargli qualche dono come ad esempio oggetti per il culto degli dèi.

Questo è il comportamento che la moglie deve avere in assenza del marito.

Ecco un brano su questo tema: «La moglie, sia donna di nobile famiglia, o vedova vergine rimaritata, o concubina, deve condurre una vita casta, devota al marito e deve procurargli il benessere. La donna che si comporta così ottiene il Dharma, l'Artha e il Kama, una posizione elevata e conserva la fedeltà del marito».

2. I VARI MODI DI COMPORTARSI DELLE MOGLI

Come deve comportarsi la moglie più anziana verso le altre mogli del marito e viceversa; la condotta di una vedova vergine che passi a seconde nozze e di una sposa ripudiata. Sul comportamento delle donne dell'harem del re e sulla condotta da tenere in generale, tra donne maritate e non. Un nuovo matrimonio può essere dovuto a: 1. Pazzia o pessimo carattere del marito. 2. Il marito non piace alla moglie. 3. Desiderio di un figlio. 4. Continua nascita di figlie. 5. Incontinenza del marito.

Durante il primo periodo di matrimonio, la moglie deve sforzarsi di conquistare il cuore del marito, mostrandosi sempre fedele, buona e saggia.

Se ella, però, non riesce a dargli dei figli, deve consigliare il marito a sposare un'altra donna. Dopo che la seconda donna è stata condotta a casa, la prima moglie deve darle una posizione superiore alla sua e comportarsi con lei come con una sorella. Al mattino, la prima moglie deve far adornare quella più giovane in presenza del marito senza preoccuparsi se le attenzioni del marito sono tutte per l'altra. Quando la giovane moglie fa qualcosa che scontenta il marito, la moglie anziana non deve trascurarla, ma consigliarla giudiziosamente, insegnandole le cose più varie alla presenza del marito. Ella deve amare il figlio di questa come se fosse suo, e trattare i domestici dell'altra con maggior riguardo dei propri; tenere un comportamento benevolo e gentile con gli amici di lei, trattando con onore le sue relazioni sociali.

Quando le mogli sono molte, la più anziana deve stringere amicizia con quella che per posizione e per età viene subito dopo di lei, spingendo la moglie che per ultima ha goduto dei favori del marito a litigare con la presente favorita. Dopo aver fatto ciò, deve conquistare la simpatia della prima e, avendo riunito tutte le altre mogli, convincerle ad accusare la favorita di intrighi e malvagità senza però compromettersi in alcun modo. Se la favorita litiga col marito, la moglie più anziana deve darle manforte, incoraggiandola tanto da inasprire il litigio; ogni volta che fra i due vi sia una lite, ella deve fare in modo che la divergenza diventi più forte. Ma se, dopo questi espedienti, ella si accorge che il marito continua ad amare la favorita, deve mutare i suoi piani, cercando di farli riconciliare, così da evitare l'ira del marito.

La moglie più giovane deve considerare la più anziana come se fosse sua madre e senza il suo permesso non deve regalare niente, nemmeno ai suoi stessi congiunti. Ella deve confidarle ogni cosa e non deve avvicinare il marito senza il suo consenso. La giovane moglie deve conservare il segreto su ogni cosa che l'anziana le dice, deve provvedere ai figli di lei più che se fossero suoi. Se è sola col marito, deve servirlo bene, senza mostrargli il proprio dolore per l'esistenza di una moglie rivale.

Ella può ottenere dal marito, in segreto, alcune prove del particolare affetto che nutre per lei; può dirgli che ella non vive che per lui e per le sue premure. La donna non deve mai svelare a nessuno il suo amore per il marito, né per rabbia, né per orgoglio, e neppure rivelare l'amore che il marito ha per lei, perché la moglie che svela i segreti del marito è da questo disprezzata. Quanto a conquistare la stima del marito, Gonardiya sostiene che bisogna farlo in privato per paura della moglie più anziana. Se la moglie più anziana è caduta in disgrazia, o è senza figli, quella giovane deve divenirne amica e chiedere al marito di fare altrettanto; ma deve cercare di superarla nel condurre una vita virtuosa. Una vedova povera, o debole di natura, che si sposi di nuovo con un uomo, è chiamata vedova rimaritata.

I seguaci di Babhravya affermano che una vedova vergine non deve sposare un uomo che poi sarà obbligata a lasciare a causa del suo brutto carattere, o anche perché non abbia buone qualità, essendo costretta per queste ragioni a ricorrere ad altri uomini. Gonardiya ritiene che, poiché una vedova si risposa per desiderio di felicità, e poiché la felicità è assicurata solo se il marito possiede, insieme all'amore, buone qualità, è utile accertarsi fin dall'inizio che l'uomo ne sia dotato. Vatsyayana, inoltre, è del parere che una vedova possa sposare qualunque uomo che ella stimi adatto a soddisfarla, che sia di suo gradimento, o che pensa sia buono per lei.

Al momento del matrimonio la vedova deve ottenere dal marito i soldi per le spese dei ricevimenti e delle gite in compagnia delle persone con cui ella è in buoni rapporti e fare, a queste e ai suoi amici, dei regali. Ma se le fa piacere, può sostenere ella stessa queste spese, e può indossare sia i suoi ornamenti che quelli del marito. Per ciò che concerne i doni affettuosi che il marito e la moglie possono scambiarsi non c'è nessuna regola da seguire. Nel caso che ella, dopo il matrimonio, dovesse lasciare il marito di sua volontà, deve restituirgli tutti i regali ricevuti, all'infuori dei doni che si sono scambiati reciprocamente. Se invece è ripudiata dal marito, non è obbligata a restituire nulla.

Dopo il matrimonio, ella andrà a vivere in casa del marito come uno dei componenti della famiglia, ma dovrà comportarsi gentilmente con le altre donne, generosamente con i domestici, familiarmente e cordialmente con tutti gli amici. Dovrà mostrare maggiore abilità delle altre nella pratica delle sessantaquattro arti e in qualsiasi controversia col marito non dovrà fargli dei rimproveri troppo severi; in privato però avrà diritto a fare qualunque cosa, anche praticare i sessantaquattro metodi del piacere. Ella dovrà farsi vedere gentile con le altre mogli e fare regali ai loro figli, comportarsi come la loro signora preparando per loro ornamenti e giocattoli. La sua fiducia dovrà essere riposta più negli amici di suo marito che nelle altre mogli, e per finire dovrà amare i ricevimenti e le gite in campagna, andare alle fiere e alle feste e organizzare ogni genere di giochi e di svaghi.

Una donna che non è più amata dal marito, annoiata e addolorata per il comportamento delle altre mogli, può stringere alleanza con quella più amata dal marito, e che lo serve più delle altre, e insegnarle tutte le arti a lei note. Ella deve essere per i figli di suo marito come una nutrice, e avendo il sostegno degli amici di lei, e per mezzo di questi deve dimostrargli il suo affetto. Durante le cerimonie religiose dovrà dare il buon esempio, anche nei voti e nei digiuni, e non deve considerarsi superiore. Quando il marito è a letto, dovrà avvicinarsi a lui solo se questo lo vuole, non dovrà fargli mai dei rimbrotti e mai essere reticente. Se il marito è in contrasto con una delle mogli, ella farà del tutto per farli riconciliare, e se egli desidera vedere in segreto una qualsiasi altra donna, ella dovrà combinare segretamente l'incontro.

Inoltre, dovrà riuscire a capire i punti deboli del carattere del marito, tenerli segreti e tenere una condotta talc che egli la consideri sempre una buona e fedele moglie.

Questa parte dell'opera descrive come devono comportarsi le donne dell'harem del re; quindi ora parleremo solo del re.

Le serve dell'harem: *Kanchukiya*, *Mahallarika* e *Mahallika* devono portare al re fiori, unguenti e vesti che gli vengono inviati dalle sue mogli, e questi, dopo aver ricevuto tali cose, deve donarli ai suoi domestici insieme alle cose che ha indossato il giorno prima. Il re, nel pomeriggio, dopo essersi vestito e adornato, deve recarsi in visita dalle donne dell'harem, che a loro volta devono essere vestite e ornate di gioielli. Dopo aver assegnato ad ognuna il posto e la dignità che le spetta a seconda dell'occasione e dei meriti, egli farà conversazione con loro. Poi farà visita ad alcune delle sue mogli, come ad esempio le vedove vergini rimaritate; dopo di queste visiterà le concubine e le danzatrici; le visite dovranno avvenire nei loro appartamenti privati.

Dopo il riposo pomeridiano, quando il re si alza, la dama incaricata di informarlo sulla moglie che trascorrerà la notte con lui, arriverà seguita dall'ancella personale di questa, dall'ancella di quella il cui turno sia stato eventualmente dimenticato, e dalla domestica di colei che fosse stata ammalata quando era il proprio turno. Queste ancelle portano davanti al re gli unguenti e i profumi inviati da ciascuna di queste mogli, marcati ognuno dal sigillo del loro anello, spiegando la ragione di questi doni e comunicando il nome delle mogli che li inviano. Il re accetta il regalo di una di esse, che viene quindi informata che è stato stabilito il suo giorno.

Durante feste, ricevimenti musicali e spettacoli, le mogli del re devono essere trattate con riguardo e servite di bevande.

Alle donne dell'harem non è consentito di uscire da sole, né possono entrare nell'harem donne che non vi appartengono, ad eccezione di quelle di cui si conosce l'indole. Infine, le mogli del re non devono fare lavori troppo faticosi.

Qui termina la descrizione del comportamento del re verso le donne dell'harem e il modo in cui esse devono agire.

Tutte le donne che un uomo sposa devono essere trattate con giustizia. Egli non deve lasciare correre né perdonare i loro errori, non deve rivelare ad una moglie l'amore, la passione, i difetti fisici e i rimproveri confidenziali di un'altra. Non deve tollerare che nessuna di esse parli delle rivali e se una comincia a parlar male di un'altra, egli deve riprenderla dicendole che possiede gli stessi difetti nel carattere. Deve cercare di appagarle dando a una di esse una segreta fiducia, ad un'altra un segreto rispetto, ad un'altra ancora deve dare segrete adulazioni. Deve farle felici accompagnandole ai giardini, con diversi svaghi, con doni, onorando le loro relazioni sociali, rivelando loro segreti e infine amando il rapporto sessuale. Una giovane donna, di buon carattere che osservi i precetti della Sacra Scrittura, conquista l'amore del marito e prevale sulle rivali.

Questa è la condotta di un marito verso le sue molte mogli.

PARTE QUINTA

Le mogli degli altri uomini

1. LE CARATTERISTICHE DEGLI UOMINI E DELLE DONNE

Nel quinto capitolo della Parte Prima, abbiamo descritto le circostanze in cui è lecito frequentare le mogli degli altri; adesso invece, tratteremo in primo luogo, della possibilità di conquistarle, della capacità a vivere insieme, del rischio che si corre ad unirsi con esse e delle conseguenze future di queste unioni. Un uomo può frequentare la moglie di un altro per salvare la sua vita, quando si accorge che il suo amore cresce di intensità e per gradi. I gradi sono dieci e si distinguono per le seguenti caratteristiche. 1. Amore degli occhi. 2. Attaccamento alla mente. 3. Pensiero fisso. 4. Insonnia. 5. Dimagrimento fisico. 6. Allontanamento dagli oggetti di piacere. 7. Mancanza di vergogna. 8. Pazzia. 9. Svenimento. 10. Morte.

Gli antichi autori sostengono che un uomo deve comprendere il carattere, la sincerità, la purezza e la volontà di una giovane donna, e anche la forza o la debolezza della sua passione, dalla forma del suo corpo e dalle sue caratteristiche. Ma Vatsyayana ritiene che è un errore giudicare le donne in base alle loro forme fisiche, mentre bisogna invece considerare la loro condotta, le espressioni esteriori dei loro pensieri, e i movimenti dei loro corpi. Come regola generale Gonikaputra dichiara che una donna tende a innamorarsi di ogni bell'uomo che vede e lo stesso fa l'uomo quando vede una bella donna; spesso però la cosa non ha ulteriori conseguenze per molti motivi. In amore le seguenti caratteristiche sono tipiche della donna. Ella ama senza riflettere sul bene e sul male e non tenta mai di conquistare un uomo solo per raggiungere uno scopo particolare. Inoltre, quando è corteggiata da un uomo, ella si ritrae per natura, anche se vuole unirsi a lui; ma quando l'uomo insiste nei suoi tentativi, ella, alla fine, si arrende. Per l'uomo accade l'opposto; questi infatti, anche se comincia ad amarc, vince i suoi sentimenti per la moralità e per il buon senso, e anche quando la donna assorbe completamente i suoi pensieri, non si arrende neppure davanti agli sforzi fatti per conquistarlo. Spesso tenta di dominare la donna, ma se per caso non vi riesce, l'abbandona per il resto della vita. Per lo stesso motivo, dopo aver conquistato una donna, egli diventa indifferente a lei. Quanto poi al detto che l'uomo non apprezza ciò che conquista troppo facilmente e desidera solo quello che è ottenuto con molte difficoltà, bisogna dire che è soltanto un luogo comune.

I motivi per cui una donna rifiuta le attenzioni di un uomo. 1. Affetto per il marito. 2. Desiderio di una legittima prole. 3. Mancanza di occasioni. 4. Rabbia perché un uomo le si rivolge con troppa familiarità. 5. Differenza nel modo di vivere. 6. Mancanza di fiducia in un uomo costretto a viaggiare. 7. Il sospetto che tale uomo possa essere legato a un'altra persona. 8. Timore che l'uomo non tenga segrete le sue attenzioni. 9. L'idea che l'uomo sia troppo legato agli amici e abbia eccessive attenzioni per loro. 10. Timore che egli non sia serio. 11. Timidezza dovuta al fatto che lui è un uomo illustre. 12. Timore che egli sia potente o fortemente passionale, nel caso che ella sia una donna-cerbiatta. 13. Timidezza di fronte al troppo ingegno dell'uomo. 14. Il pensiero di avere una volta vissuto insieme a lui soltanto come amici. 15. Disprezzo per la sua ignoranza del mondo. 16. Diffidenza per la sua bassa indole. 17. Rabbia perché l'uomo non intuisce il suo amore per lui. 18. Nel caso di una donna-elefante, il sospetto che egli sia un uomo-lepre o un uomo poco passionale. 19. Paura che le possa accadere qualche sventura a causa della sua passione. 20. Disperazione per le proprie imperfezioni. 21. Paura di essere scoperta. 22. Disillusione alla vista dei suoi capelli grigi. 23. Timore che l'uomo sia stato inviato dal marito per mettere alla prova la sua fedeltà. 24. L'idea che egli abbia troppo rispetto per la moralità.

Se l'uomo s'accorge di una delle ragioni elencate, egli deve cercare di neutralizzarla fin dall'inizio. Così, deve eliminare la timidezza causata dalla sua grandezza o abilità, dimostrandole il suo grande affetto, oppure la difficoltà causata dalla mancanza di occasioni, o dalla sua inaccessibilità, facendole vedere qualche facile via d'accesso.

Deve superare le difficoltà dovute al suo carattere volgare rivelandole il proprio valore e la propria saggezza; quelle causate dalla negligenza, con attenzioni straordinarie e infine quelle causate dal timore, incoraggiandola.

Gli uomini che hanno successo con le donne. I tipi di uomini che generalmente hanno successo con le donne sono: 1. Uomini inclini alla scienza dell'amore. 2. Uomini abili nel narrare storie. 3. Uomini che conoscono le donne fin dall'infanzia. 4. Uomini che hanno saputo conquistarne la fiducia. 5. Uomini che fanno loro doni. 6. Uomini che sanno conversare bene. 7. Uomini che fanno cose di loro gradimento. 8. Uomini che non hanno mai amato in precedenza. 9. Uomini che fungono da messaggeri. 10. Uomini che ne conoscono i punti deboli. 11. Uomini desiderati da donne di alta qualità. 12. Uomini uniti alle loro amiche. 13. Uomini che hanno un gradevole aspetto. 14. Uomini che sono cresciuti insieme ad esse. 15. Uomini che sono loro vicini. 16. Uomini amanti dei piaceri sessuali, anche se loro domestici. 17.

Gli innamorati delle figlie delle loro nutrici. 18. Uomini sposati da poco. 19. Uomini che amano le scampagnate e gli svaghi. 20. Uomini liberali. 21. Uomini noti come molto vigorosi. 22. Uomini intraprendenti e coraggiosi. 23. Uomini che superano i mariti nella cultura, nella prestanza, nelle qualità e nella liberalità. 24. Uomini che vestono sontuosamente e dal modo di vivere splendido.

Le donne che cedono facilmente. 1. Donne che si fermano sulla porta della loro casa. 2. Donne che guardano sempre la strada. 3. Donne che siedono a parlare in casa dei loro vicini. 4. Una donna che guarda intensamente. 5. Una messaggera. 6. Una donna che non guarda direttamente. 7. Una donna il cui marito ha sposato un'altra senza un motivo valido. 8. Una donna che odia il marito o che è da lui odiata. 9. Una donna che non ha chi vegli su di lei o la tenga sotto controllo. 10. Una donna che non ha avuto bambini. 11. Una donna i cui bambini sono morti. 12. Una donna amante della vita di società. 13. Una donna in apparenza molto affezionata al marito. 14. La moglie di un attore. 15. Una vedova. 16. Una donna povera. 17. Una donna che ama i piaceri. 18. La moglie di un uomo che ha molti fratelli più giovani. 19. Una donna vanitosa. 20. Una donna superiore al marito per rango o per abilità. 21. Una donna superba della sua abilità nelle arti. 22. Una donna ossessionata dalla pazzia del marito. 23. Una donna che, essendo stata sposata da bambina ad un uomo ricco che da grande non ama, desidera un uomo dotato di ottime qualità, talento e buon senso secondo i suoi gusti. 24. Una donna trascurata dal marito senza alcun motivo. 25. Una donna che non è rispettata dalle altre donne dello stesso rango e della stessa bellezza. 26. Una donna il cui marito è sempre in viaggio. 27. La moglie di un gioielliere. 28. Una donna gelosa. 29. Una donna avida. 30. Una donna immorale. 31. Una donna sterile. 32. Una donna pigra. 33. Una donna meschina. 34. Una gobba. 35. Una nana. 36. Una storpia. 37. Una donna volgare. 38. Una donna che emana cattivo odore. 39. Una donna malata. 40. Una vecchia.

Su questo tema sono stati scritti i seguenti versi:

«Il desiderio che nasce dalla natura e aumenta con l'aiuto dell'arte e dal quale vengono allontanati tutti i pericoli grazie alla saggezza, diventa fermo e sicuro. Un uomo abile che conti solo sulla propria ingegnosità e che osservi idee e pensieri delle donne, eliminando le ragioni del loro allontanamento dagli uomini, generalmente ha successo con le donne».

2. COME RIUSCIRE A CONOSCERE E A CONQUISTARE UNA DONNA

Antichi autori sono dell'opinione che, mentre è più facile conquistare una fanciulla per mezzo di tentativi compiuti dall'uomo stesso che con l'impiego di messaggere, al contrario la donna preferisce l'invio delle messaggere agli sforzi personali dell'uomo. Vatsyayana ritiene che l'uomo, in questo genere di cose, deve agire da solo fin quanto gli è possibile, altrimenti deve ricorrere all'aiuto delle messaggere. Egli inoltre sostiene che non è vero che sia più facile conquistare donne che si comportano e parlano liberamente e senza ritegno. Quando un uomo agisce da solo, deve far conoscenza con la donna nei modi seguenti.

1. Deve cercare di attrarre l'attenzione della donna sia in una occasione qualsiasi che in una particolare. La prima si può verificare quando uno si reca nella casa dell'altra; la seconda quando si incontrano in casa di un amico, di un compagno di casta, di un ministro, di un medico o anche in occasione di un matrimonio, di cerimonie, di sacrifici, di feste, di funerali e ricevimenti all'aperto.

2. Quando si incontrano, l'uomo deve osservare intensamente la donna in modo da farsi notare; egli deve lisciarsi i baffi, provocare suoni con le unghie, far tintinnare i suoi ornamenti, mordersi il labbro inferiore e altre cose di questo genere. Quando la donna lo guarda, deve conversare con gli amici di lei e di altre donne, facendo mostra della propria liberalità e del suo apprezzamento per i piaceri. Quando è seduto vicino ad una donna deve mostrarsi annoiato e indifferente, sbadigliando, contorcendosi, aggrottando le sopracciglia e parlando con molta lentezza. Egli deve iniziare una conversazione a doppio senso o con un fanciullo o con un'altra persona, ma in effetti rivolgendosi alla donna, ed esprimere il suo amore facendo finta di interessarsi ad altre persone. Riferendosi a lei, deve tracciare segni sul terreno con un bastone o con le unghie, e deve abbracciare e baciare un bambino in sua presenza, dandogli con la lingua un miscuglio di noci d'areca e foglie di betel e accarezzarlo con le dita premendogli il mento. Tutte queste azioni devono essere compiute nel momento e nel luogo opportuni.

3. L'uomo deve carezzare il bambino che ella eventualmente tenga in grembo, dargli un giocattolo e poi riprenderlo. Può iniziare a parlare con lei rispettando, però, l'età del bambino; in tal modo può fare la sua conoscenza rendendosi gradito ai suoi amici. Con la scusa di questa conoscenza può andare a casa della donna a farle visita e qui parlare dell'amore, quando ella non è presente, ma facendo in modo di essere udito. Quando la loro amicizia è divenuta più stretta, egli deve lasciare che la donna custodisca qualcosa che gli appartiene e poi riprenderla poco alla volta: può affidarle in deposito sostanze profumate o noci d'areca. In seguito dovrà ottenere che ella divenga amica della propria moglie, e fare in modo che fra di loro si stabilisca la confidenza.

Per vederla più spesso deve ottenere che le due famiglie abbiano lo stesso gioielliere, lo stesso cestaio, lo stesso tintore, lo stesso lavandaio. Col pretesto di avere degli affari in comune, egli deve recarsi a visitarla apertamente, e gli affari devono essere più di uno, affinché il loro rapporto prosegua. Quando la donna ha voglia di qualcosa o necessita di denaro oppure vuole acquisire abilità in un'arte, egli deve lasciarle intendere che è disposto a fare qualsiasi cosa desideri, darle del denaro o istruirla, e che egli ha il potere e la capacità di farlo. Deve anche discutere con lei, insieme ad altri sulla condotta delle persone, esaminare gioielli, pietre preziose e altre cose. In tali occasioni potrà mostrarle alcuni oggetti di cui ella non conosce il valore, e se la donna ne discute con lui, non deve contraddirla, ma anzi mostrarsi d'accordo.

Questi sono i vari modi di fare conoscenza con la donna desiderata.

Quando la donna ha stretto amicizia con l'uomo nel modo che abbiamo considerato e gli ha fatto capire di essere innamorata di lui con manifestazioni esteriori e con movimenti del corpo, l'uomo deve cercare di ottenerla. Le ragazze sono inesperte delle cose che riguardano il rapporto sessuale, l'uomo deve invece trattenerle con grande tatto e delicatezza; nel caso si tratti invece di donne già abituate al sesso, non è necessaria tanta prudenza. Quando l'uomo è ormai certo dei sentimenti della ragazza, che non si mostra più vergognosa, deve ricorrere al denaro e dare inizio a uno scambio di abiti, anelli e fiori, facendo attenzione a scegliere cose belle e di valore. Egli deve ricevere da lei un miscuglio di foglie di betel e quando si reca ad un ricevimento, deve chiederle in dono il fiore che la donna porta nei capelli o in mano, ma questo deve essere profumato e segnato dalle sue unghie o dai suoi denti. Divenuto più assiduo, deve sforzarsi di persuaderla ad accompagnarlo in un luogo solitario, dove l'abbraccerà e bacerà; infine, durante lo scambio di noci d'areca e di fiori, egli deve toccare e premere le parti intime del corpo della donna. In tal modo i suoi sforzi avranno una conclusione piacevole. Quando un uomo sta tentando di conquistare una donna, non deve nello stesso tempo tentare di sedurne un'altra: potrà farlo solo dopo aver raggiunto il suo scopo con la prima e aver goduto di lei per molto tempo, cercando di conservarne l'affetto con doni graditi. Quando un uomo vede il marito della donna aggirarsi attorno alla sua casa, non deve approfittarne per fare l'amore con lei, anche se in quel momento sarebbe più facile. Un uomo prudente e che voglia conservare la propria reputazione, non deve nutrire interesse per una donna apprensiva, timida, su cui non si può fare affidamento, ben sorvegliata o che ha i suoceri.

3. COME COMPRENDERE L'ANIMO DI UNA DONNA

Prima di conquistare una donna un uomo deve cercare di comprendere i pensieri e agire nei modi seguenti.

Se la donna lo ascolta senza lasciar capire la sua opinione, egli deve ricorrere all'aiuto di una mezzana.

Se la donna, al secondo incontro, è vestita con maggior cura e si reca con lui in un luogo appartato, l'uomo può essere certo di sedurla senza troppi sforzi. Una donna che ha consentito all'uomo di corteggiarla a lungo e che non cede, deve essere considerata una persona che scherza con l'amore; ma conoscendo la volubilità dell'animo umano, è possibile conquistare anche una donna di questo tipo, cercando di conoscerla molto profondamente.

Quando una donna rifiuta le premure di un uomo e non vuole incontrarlo per il rispetto che ha verso di lui e per orgoglio, si può affermare che è un soggetto difficile da conquistare anche con una maggiore intimità o per mezzo di una mezzana molto ingegnosa.

Quando un uomo, corteggiando una donna, viene rifiutato con aspre parole, deve desistere immediatamente.

Quando una donna respinge un uomo, ma nello stesso tempo si mostra affettuosa con lui, ella deve essere costretta ad amarlo ad ogni costo.

Una donna che incontra un uomo in un luogo appartato e che si lascia toccare con i piedi, fingendo di non avvedersene, per la sua indecisione, deve essere conquistata con pazienza e con i seguenti sforzi. Se per caso, ella si addormenta vicino a lui, egli deve cingerla col braccio sinistro e vedere se quando si sveglia, ella lo respinge davvero oppure solo perché vuole che la cosa si ripeta. Quello che è stato fatto con le braccia, può essere compiuto anche con i piedi. Se l'uomo ha successo in questa occasione, allora deve abbracciare la donna e stringerla con forza; se invece ella non si lascia abbracciare e si alza e il giorno dopo si comporta di nuovo in modo simile, allora egli deve pensare che la donna non rifiuta di fare l'amore con lui.

Se però la donna non si fa più vedere, l'uomo deve tentare di conquistarla ricorrendo ad una mezzana; qualora infine dopo una momentanea assenza ella ritorni e si comporti nel solito modo, l'uomo deve dedurre che non si rifiuta di unirsi a lui.

Quando una donna offre all'uomo un'occasione e gli fa comprendere il suo amore, egli può avere un rapporto sessuale con lei. I segni con cui una donna manifesta il suo amore sono:

Rivolge la parola ad un uomo senza attendere che egli lo faccia per primo. Si fa vedere da lui in luoghi solitari. Gli parla tremando e balbettando. Ha le dita delle mani e dei piedi bagnate di sudore e il suo volto brilla di gioia. Si preoccupa di frizionare il corpo dell'uomo e gli preme contro la testa. Quando, massaggiandolo, ella si serve soltanto di una mano e con l'altra tocca e abbraccia il suo corpo. Rimane con le mani appoggiate sul corpo, senza fare nessun movimento, come se fosse stata sorpresa da qualche cosa o fosse stanca. Talvolta china il volto fra le cosce dell'uomo e alla richiesta di massaggiarle, non dimostra nessuna riluttanza a farlo. Posa una delle mani, immobile, sul corpo dell'uomo e anche se egli la stringe non la sposta per lungo tempo. Quando, dopo aver resistito a tutti i tentativi fatti dall'uomo per conquistarla, ella torna a lui il giorno seguente per massaggiargli il corpo come prima. Se una donna non incoraggia né respinge del tutto un uomo, ma si nasconde rimanendo in luoghi appartati, ella deve essere conquistata per mezzo di una serva che le sta vicino. Se invece, chiamata dall'uomo, reagisce allo stesso modo, allora egli deve farsi aiutare da un'abile mezzana. Se tuttavia neppure in questo modo ella ha qualcosa da dire all'uomo, allora questi deve riflettere bene sulla questione prima di agire ancora. Questi sono i modi con cui un uomo può comprendere i pensieri di una donna. Un uomo prima di cominciare a conversare con una donna, deve cercare di presentarsi. Deve parlare del suo amore per lei e, se ella dimostra di gradire i suoi approcci, deve iniziare la conquista senza paura. Una donna che, con segni esteriori, manifesta il suo amore ad un uomo fin dal primo incontro, è una donna di facile conquista. Una donna spudorata, che a parole d'amore risponde apertamente con parole d'amore, può essere considerata, già da quel momento, conquistata. Per quanto riguarda le altre donne, siano esse sagge, semplici e fidate, questo codice afferma che quelle che mostrano apertamente il loro amore, sono da considerarsi donne facilmente conquistabili.

4. IL COMPITO DELLA MEZZANA

Quando una donna non ha mostrato il suo amore o desiderio né con gesti né con movimenti del corpo, cosa molto rara e mai vista, oppure se l'uomo e la donna si incontrano per la prima volta, egli deve far ricorso all'aiuto di una mezzana per avvicinarla. Il compito della mezzana è quello di diventare amica della donna; agendo secondo il suo temperamento, deve fare in modo di farle odiare o disprezzare il marito, parlare con lei abilmente, dicendole di medicine per avere bambini, conversando di altre persone, con storie di vario tipo e racconti sulle mogli di altri uomini, e elogiare la bellezza, la generosità, il buon carattere della donna dicendole: «È davvero un peccato che voi, donna eccellente sotto ogni aspetto apparteniate a un marito di tale genere. Bella signora, egli non è neppure degno di servirvi». La mezzana deve parlare alla donna della scarsa passione del marito, della sua gelosia, della sua disonestà, della sua ingratitudine, della sua avarizia, di tutti quei difetti che egli può avere e che ella ha la possibilità di conoscere, soffermandosi su quelli che disturbano maggiormente la donna. Se ella è una donna cerbiatta e il marito un uomo-lepre, non vi è nulla da obbiettare, ma se invece, pur essendo egli un uomo-lepre, ella è una donna-giumenta o elefante, allora bisogna porre in risalto questo particolare.

Gonikaputra ritiene che quando si tratta del primo intrigo della donna o quando il suo amore si è mostrato solo segretamente, allora l'uomo deve cercare e inviarle una mezzana che già conosce e di cui si fidi. Ritornando sull'argomento, la mezzana deve fare alla donna gli elogi dell'uomo, lodandone l'obbedienza e l'amore; quando poi la donna si confida e il suo amore diviene più grande, ella deve spiegarle quello che deve fare: «Ascoltate, bella signora: quest'uomo, di ottima famiglia, dopo avervi vista, ha perso la testa per voi. Il povero giovane, dolce per natura, non ha mai sofferto tanto prima d'ora ed è molto probabile che non resista a questo dolore e provi, così, le pene della morte».

Se la donna ascolta con piacere, allora nei giorni che seguono la mezzana, essendosi accorta del buon umore sul suo viso, negli occhi e nel parlare, deve ritornare sull'argomento dell'uomo e raccontarle le storie di Ahalya e di Indra, di Sakuntala e Dushyanti e altre simili adatte all'occasione. Ella deve anche lodarne la forza, l'intelligenza, l'abilità nelle sessantaquattro arti d'amore, l'amicizia con alcune donne stimate, senza darsi pena di dire o no la verità. Inoltre ella deve fare attenzione alla condotta della donna che, se è favorevole, si rivolgerà alla mezzana sorridendo, le siederà accanto e le chiederà: «Dove siete stata? Cosa avete fatto? Dove avete pranzato? Dove avete dormito? Dove vi siete seduta?». Ella incontrerà la mezzana in luoghi appartati, dove le racconterà le sue storie, sbadiglierà e con aria contemplativa emetterà lunghi sospiri, le farà dei regali, la ricorderà in occasione delle festività e la saluterà con la speranza di poterla vedere ancora e scherzosamente le dirà: «Oh donna, abile parlatrice perché mi dici queste cattive parole?». Ella vorrà conversare con lei della sua unione peccaminosa con l'uomo, non vorrà raccontarle le precedenti visite o discorsi che eventualmente ha già fatto con lui, ma vorrà che la mezzana le faccia domande su questo argomento e alla fine riderà del desiderio dell'uomo ma senza rimproverarlo.

Così si comporta una donna con una mezzana.

Quando una donna dimostra il suo amore così, la mezzana deve aumentarlo recandole pegni d'amore da parte dell'uomo. Se la donna non conosce l'uomo, la mezzana deve avvincerla esaltandone le ottime qualità e svelandole l'amore che egli prova. Ma a tale proposito Auddalaka sostiene che se un uomo e una donna non si conoscono personalmente e non hanno manifestato il loro reciproco affetto con nessun segno, l'opera della mezzana è inutile.

I seguaci di Babhravya affermano che è utile ricorrere ad una mezzana anche se i due non si conoscono personalmente, purché abbiano manifestato il loro amore. Al contrario Gonikaputra ritiene che l'uso della mezzana è utile se i due si conoscono fra di loro, anche se non c'è stato nessuno scambio di prove d'amore.

Vatsyayana dice che i due, anche senza conoscersi né essersi scambiati pegni d'amore possono ricorrere all'aiuto di una mezzana. La mezzana deve mostrare alla donna i regali che l'uomo le ha dato per conquistare il suo amore: noci e foglie di betel, profumi, fiori e anelli, sui quali l'uomo ha impresso i segni dei suoi denti, delle unghie e altri ancora. Sopra le vesti che egli manderà, deve disegnare con lo zafferano le sue mani congiunte come per un'ardente preghiera.

La mezzana deve mostrare alla donna figure ornamentali intagliate nelle foglie, ornamenti per le orecchie e rosari fatti con i fiori che racchiudono lettere d'amore, e deve persuaderla a ricambiare i doni amorosi. Dopo che essi hanno accettato, la mezzana organizza un incontro.

I seguaci di Babhravya affermano che i due devono incontrarsi durante la visita al tempio di un dio, o durante fiere, ricevimenti all'aperto, spettacoli teatrali, matrimoni, sacrifici, feste e funerali, nel corso di un viaggio per recarsi al fiume a bagnarsi, durante calamità naturali, quando si ha timore dei briganti o durante l'invasione del paese da parte dei nemici.

Gonikaputra sostiene che è meglio che tali incontri avvengano in casa di amiche, di mendicanti, di astrologhe e donne ascetiche.

Vatsyayana tuttavia ritiene questi luoghi adatti solo se hanno un'entrata e un'uscita indipendenti, in modo da poter fare fronte ad ogni imprevisto e permettere all'uomo di uscire senza fare incontri sgradevoli. La mezzana e la messaggera sono di diversi tipi: 1. Una mezzana che assume su di sé l'intera responsabilità dell'affare. 2. Una mezzana che svolge l'incarico solo in parte. 3. Una mezzana che recapita solo lettere. 4. Una mezzana di se stessa. 5. La mezzana di una donna giovane e ingenua. 6. Una moglie che svolge funzione di mezzana. 7. Una mezzana muta. 8. Una mezzana che fa la parte del vento.

Una mezzana che, avendo capito il reciproco amore di un uomo e di una donna li avvicina e predispone ogni cosa con la sua intelligenza, è detta mezzana che si assume l'intera responsabilità dell'intrigo. Tale genere di mezzana è adatta quando le due persone già si conoscono e hanno già conversato fra loro; in questo caso ella è mandata non solo dall'uomo ma anche dalla donna. Appartiene a questo tipo anche una mezzana, che avendo capito che un uomo e una donna sono fatti l'uno per l'altra, cerca di legarli anche se essi non si conoscono reciprocamente. Una mezzana che interviene solo quando s'avvede che una parte dell'intrigo è stata già compiuta, o che l'uomo ha già fatto i primi tentativi, e porta a termine la cosa, è una mezzana che compie solo parte dell'affare. Una mezzana che recapita i messaggi di un uomo e di una donna che si amano ma che non possono incontrarsi, è detta portatrice di lettere o di messaggi. In questo modo è chiamata anche una donna che, inviata da uno dei due amanti, riferisce all'altro il tempo e il luogo del convegno.

È chiamata mezzana di se stessa quella donna che si reca da sola da un uomo per confidargli di aver sognato di avere un rapporto sessuale con lui ed esprime il proprio rancore contro la moglie di lui, che lo ha rimproverato perché l'ha chiamata col nome della rivale; dona all'uomo qualcosa su cui sono impressi i segni dei suoi denti o delle unghie, gli confessa di sapere che egli l'ha già desiderata e gli chiede chi è più bella lei o la moglie.

L'uomo deve incontrare questo genere di donna in privato e segretamente. Questo stesso nome può essere dato anche a quella donna, che dopo essersi accordata con un'altra per farle da mezzana, conquista l'uomo per sé facendosi conoscere da lui personalmente e rovinando i piani dell'altra. Lo stesso si dice dell'uomo che, facendo il ruffiano per conto di un altro senza prima conoscere la donna, la conquista per sé, causando, così, l'insuccesso del committente. Quando una donna diventa confidente di una moglie giovane e ingenua di cui conosce i segreti, e dopo aver notato la condotta del marito, le insegna il modo per conquistarne i favori, la adorna in modo che il suo amore sia evidente e la istruisce sul modo di comportarsi con lui, e dopo averle impresso ella stessa i segni delle unghie e dei denti sul corpo, la induce a chiamare il marito per mostrargli i segni ed eccitarlo a fare l'amore; questo tipo di donna è chiamato mezzana di una ingenua e giovane moglie. In questo caso anche il marito deve servirsi della mezzana per rispondere alla moglie.

Quando una moglie viene convinta dal marito a conquistare la stima di un'altra donna con cui egli vuole avere un rapporto sessuale facendole visita e svelandole la saggezza e l'abilità di suo marito, questa è una moglie che fa da mezzana. Ella stessa deve far conoscere all'uomo i sentimenti della donna.

Quando un uomo incarica una fanciulla o una domestica di andare da una donna con un qualsiasi pretesto e mette una lettera nel mazzo di fiori o nei suoi ornamenti per le orecchie oppure imprime su qualche oggetto della donna i segni dei denti e delle unghie, queste fanciulle o domestiche sono chiamate mezzane mute. L'uomo deve attendere la risposta della donna attraverso la stessa persona.

Una donna che reca ad un'altra un messaggio con un doppio significato, o che riguarda un affare precedente o che non è compreso né da lei né da altre persone, è una mezzana che fa la parte del vento. In questo caso, la risposta è portata dalla stessa persona. Questi sono i vari tipi di mezzane.

La pratica della mezzana può essere effettuata da un'astrologa, da una domestica, da una mendicante o da un'artista, dato che esse ottengono la confidenza delle altre donne con grande facilità. Ognuna di queste donne, se lo vuole, può rendere nemiche due persone o lodare la bellezza di una qualsiasi donna o descrivere le arti amorose praticate da altre donne. Esse possono anche descrivere l'amore di un uomo, la sua abilità sessuale, il desiderio per lui di altre donne più belle di quella che sta corteggiando e spiegare in che modo egli sia sorvegliato in casa.

Infine, una mezzana, grazie alla sua abilità nel parlare, può far mettere insieme una donna e un uomo, anche se questa non ha mai pensato a lui, considerandolo lontano dalle sue aspirazioni. Ella ha la capacità di far tornare da una donna un uomo che se ne è allontanato.

5. L'AMORE DEGLI UOMINI AUTOREVOLI PER LE MOGLI ALTRUI

Ai re e ai loro ministri non è concesso di entrare nelle case altrui; la loro vita è continuamente spiata, osservata e imitata dal popolo, nello stesso modo in cui gli animali seguono il sole, levandosi al suo sorgere e addormentandosi al suo tramonto.

Gli uomini autorevoli non devono comportarsi pubblicamente in modo scorretto, poiché ciò non sarebbe adeguato alla loro posizione. Ma nel caso in cui ciò si verifichi, essi devono usare le speciali accortezze che ora descriveremo.

Il capo del villaggio, l'ufficiale del re e l'uomo incaricato della raccolta del grano, possono avere le donne del villaggio semplicemente chiedendolo. I libertini chiamano queste, donne licenziose. Il rapporto degli uomini citati con tale tipo di donne avviene in occasione del lavoro non retribuito, del rifornimento dei granai nelle loro case, del trasporto di oggetti in casa o fuori, delle pulizie domestiche, del lavoro nei campi, dell'acquisto del cotone, della lana, del lino, della canapa e del filo, e durante il periodo si comperano, si vendono o si scambiano vari altri articoli, così come anche durante il tempo dedicato ad altri lavori. Così il sovraintendente alle stalle si unisce con le donne nelle stalle; gli ufficiali che sorvegliano le vedove, le donne senza protettori, le donne che hanno abbandonato il marito, godono di queste. L'uomo intelligente raggiunge i suoi scopi girando nel villaggio durante la notte, mentre i contadini godono anche con le mogli dei propri figli, rimanendo a lungo soli con esse.

Infine, i sovraintendenti ai mercati hanno l'opportunità di unirsi con le donne del villaggio mentre fanno acquisti al mercato. Durante le feste della ottava luna, cioè quando la luna brilla per metà nel mese di *Nargashirsha*, durante le feste al chiaro di luna del mese di *Kartika* e nelle feste di primavera di *Chaitra*, le donne della città vanno generalmente a fare visita alle donne dell'harem, del palazzo reale. Esse si recano nei vari appartamenti delle donne dell'harem, poiché le conoscono bene e passano la notte conversando e intrattenendosi con giochi e divertimenti, andando via il mattino seguente. In tali occasioni una domestica del re, istruita dal re sulla donna che egli desidera, deve attendere che la donna scelta esca per tornare a casa e avvicinandola convincerla a seguirla per mostrarle le bellezze del palazzo, come le era stato comunicato prima della festa. Poi ella le farà vedere la casa giardino col pavimento intarsiato di pietre preziose, il pergolato di uva, la costruzione sull'acqua, i passaggi segreti scavati nelle mura del palazzo, i dipinti, gli animali addomesticati, le macchine, gli uccelli, le gabbie dei leoni e delle tigri. Rimasta sola con lei, ella deve rivelarle l'amore del re, mettendo in rilievo la fortuna che avrà unendosi con lui e assicurandole la massima segretezza. Qualora la donna respinga l'offerta, ella deve rendersela amica e regalarle cose adatte alla posizione del re, quindi accompagnarla per un tratto e salutarla con affetto.

Oppure le mogli del re, avendo conosciuto il marito della donna che il re ha scelto, devono convincerla a recarsi nell'harem per far loro visita. In tale occasione un'ancella del re, essendo stata inviata lì, deve agire come abbiamo visto.

Una delle mogli del re deve riuscire a conoscere la donna che egli desidera e inviarle un'ancella, che fattasi sua amica, dovrà persuaderla a visitare il palazzo reale. Dopo che la donna ha visitato l'harem ed è entrata in confidenza con le donne, una serva del re dovrà fare le cose che sono state dette.

Una moglie del re deve invitare al palazzo la donna desiderata da questi, per mostrarle la propria bravura in una certa arte. Dopo un'ancella del re dovrà avvicinarla e agire nel modo suddetto. Una mendicante, istruita dalla moglie del re, deve riferire alla donna che il re desidera, il cui marito ha perso le proprie sostanze e teme per un motivo qualsiasi il re: «La moglie del re ha molta influenza su di lui e, inoltre, ha un cuore d'oro; dovremmo rivolgerci a lei per questo problema. Io otterrò che voi possiate entrare nell'harem ed ella farà sparire ogni causa di pericolo e di timore da parte del re». Se la donna accetta, ella la condurrà spesso nell'harem, dove la moglie del re le offrirà la sua protezione. Dopo, quando la donna farà ritorno all'harem per la promessa fatale, un'ancella del re dovrà agire come sopra.

Ciò che è stato detto per la moglie di chi abbia un motivo per temere il re, può essere riferito anche alle mogli di coloro che sono al servizio del re o sotto l'autorità dei ministri reali, o di coloro che sono poveri e insoddisfatti della loro condizione, desiderosi dei favori reali, di quelli che vogliono diventare famosi tra il popolo, o sono angariati dalle persone della stessa casa, di coloro che desiderano danneggiare i loro compagni di ceto, di coloro che sono spie del re o che hanno un qualsiasi altro fine da raggiungere. Infine, se la donna che il re desidera vive con un uomo che non è suo marito, egli può farla arrestare e, diventata sua schiava per la sua colpa, può rinchiuderla nell'harem.

Il re può anche dare ordine ad un ambasciatore di mettersi in lite col marito della donna desiderata e farla imprigionare con l'accusa di essere la moglie di un nemico del re e poi condurla nell'harem. Questi sono i mezzi per avere in segreto le mogli degli altri. Essi vengono praticati soprattutto nel palazzo del re; ma egli non deve mai entrare in casa di altri, perché Abhira, re dei Kotta, fu ucciso da un lavandaio mentre si trovava in una casa altrui e così Jaysana, re dei Kashi, fu ucciso dal comandante della sua cavalleria. In alcuni paesi c'è l'abitudine di facilitare al re i rapporti con le mogli di altri. Nel paese degli Andra ad esempio, le figlie della gente del luogo, sposate da poco, entrano nell'harem del re con alcuni regali dopo dieci giorni dal loro matrimonio; dopo essersi unite col re sono mandate via. Nel paese di Vatsagulma, le mogli del capoministro avvicinano il re di notte per servirlo. Nel paese di Vaidharba, le mogli più avvenenti trascorrono un mese nell'harem sotto la protezione del re. Nel paese degli Aparataka il popolo offre le sue mogli più belle al re e ai ministri; e infine nel paese dei Saurashtra le donne della città e dei villaggi si recano nell'harem per il piacere del re. I due versi sono stati scritti su questo argomento: «I mezzi descritti e altri ancora sono quelli che nei vari paesi, vengono usati dai re per avere le mogli degli altri. Ma un re che ha a cuore il bene del suo popolo non deve mettere in atto mezzi simili». «Un re che ha vinto i sei nemici dell'umanità diventa padrone di tutta la terra».

6. LE DONNE DELL'HAREM E LA MANIERA PER CONSERVARE LA PROPRIA MOGLIE

Le donne dell'harem reale, essendo molto sorvegliate, non possono vedere né incontrare uomini e i loro desideri restano inappagati poiché esse hanno il marito in comune. Esse sono quindi obbligate a ricorrere a segreti sistemi per procurarsi il piacere. Dopo aver vestito con abiti maschili le figlie delle loro nutrici o le loro amiche, raggiungono il loro scopo servendosi di bulbi, radici e frutti aventi la forma del pene, oppure giacciono sotto la statua di un uomo che abbia il pene ben visibile e eretto. Alcuni re comprensivi prendono e applicano dei medicinali per riuscire ad accoppiarsi con molte mogli in una sola notte, questo affinché esse possano essere soddisfatte, dato che spesso essi non ne provano alcun desiderio. Altri invece fanno l'amore con passione soltanto con le mogli che amano di più mentre altri ancora seguono un turno fisso.

Questi metodi di piacere sono tipici dei paesi orientali e tutto ciò che si è detto delle donne sul modo di procurarsi il piacere può essere detto anche degli uomini. Le donne dell'harem reale fanno venire nei loro appartamenti uomini vestiti da donna con l'aiuto delle loro ancelle. Queste ultime, conoscendo i segreti delle donne, facilitano gli uomini ad introdursi nell'harem, prospettando loro la fortuna che li aspetta, rassicurandoli sulla semplicità dell'accesso e dell'uscita dal palazzo, sulla sua grandezza, sulla distrazione delle sentinelle e la noncuranza dei sorveglianti delle mogli del re. Esse non dovranno servirsi di inganni per introdurre un uomo nell'harem, perché potrebbe essere pericoloso.

Per quanto riguarda gli uomini è consigliabile che si astengano dall'entrare nell'harem, anche se facilmente accessibile, perché si espongono a molti pericoli. Tuttavia, se un uomo lo desidera, deve accertarsi di poterne fuggire facilmente, osservare se il palazzo è circondato da un giardino con boschetti, se vi sono recinti separati appartenenti ad esso, se le sentinelle sono distratte, se il re è lontano dal palazzo; quando viene chiamato dalle donne dell'harem, deve fare attenzione ad introdursi nel luogo da esse indicato. Ogni giorno se è possibile, deve andare in giro per l'harem e con qualsiasi scusa accattivarsi la simpatia e l'amicizia delle sentinelle, mostrandosi affettuoso con le ancelle dell'harem, sue complici, facendosi vedere dispiaciuto per non poter raggiungere l'oggetto dei suoi desideri. Infine egli deve farsi aiutare da una mezzana che abbia libero accesso all'harem e che sia in grado di riconoscere gli emissari del re, e confidarle ogni cosa. Se invece la mezzana non può entrare nell'harem, allora l'uomo deve fermarsi in un luogo da dove può vedere la donna amata e desiderata. Se il posto è presidiato dalle sentinelle, deve vestirsi con gli abiti dell'ancella della donna che gli andrà incontro, oppure dovrà andare da lei. Quando l'ancella lo guarda, deve manifestarle i suoi sentimenti con gesti, segni, cose dal doppio significato, rosari di fiori e anelli. Deve ricordare con attenzione le risposte ottenute, siano esse parole, segni, gesti e quindi cercare di introdursi nell'harem. Poi tenterà di nascondersi in un posto in cui certamente l'ancella si recherà, da dove verrà via nascosto in un letto pieghevole o in una coperta o rendendosi invisibile con l'applicazione di un ritrovato, la cui ricetta è la seguente: il cuore di un icneumone, il frutto di una lunga zucca e gli occhi di un serpente devono essere bruciati senza lasciar disperdere il fumo, le ceneri devono essere macinate e mescolate con una uguale quantità d'acqua. Applicando sugli occhi questo miscuglio, un uomo può andare in giro senza essere visto.

I bramini Duyana e Jogashira hanno descritto altri sortilegi per rendersi invisibili.

L'uomo può introdursi nell'harem durante le feste dell'ottava luna del mese di *Nargashirska* e durante la festa al chiaro di luna, quando tutte le ancelle dell'harem sono occupate o vi è confusione. I princìpi seguenti sono stati esposti su questo tema:

Gli uomini giovani possono entrare e uscire dall'harem generalmente quando la cosa è stata preparata dall'interno del palazzo o quando è stata organizzata fuori di esso, durante una festa in cui si beve, o quando le ancelle hanno fretta, quando le donne dell'harem cambiano residenza, quando le mogli del re vanno in giardino o alle fiere, quando rientrano nel palazzo, quando il re è assente per un lungo pellegrinaggio. Ognuna delle donne dell'harem conosce i segreti dell'altra e avendo tutte un medesimo scopo da raggiungere, si aiutano fra loro. Un uomo giovane che ha rapporti sessuali con tutte ed è comune a tutte, può continuare a godere con esse fino a quando è lasciato in pace e la faccenda non è risaputa.

Nel paese di Aparataka le donne del re non sono ben sorvegliate e quindi molti giovani possono essere introdotti nell'harem da quelle donne che hanno libero accesso al palazzo. Le mogli del re del paese di Ahira, si accoppiano con quelle sentinelle chiamate Kshtriya. Le donne dell'harem del paese di Vatsagulma fanno entrare gli uomini servendosi delle loro messaggere. Nel paese di Vaidarbha i figli delle mogli reali entrano nell'harem quando lo desiderano e godono di tutte le donne, esclusa la madre. Nello Stri-rajya, le mogli del re si accoppiano con gli uomini della stessa casta. Nel paese di Ganda le mogli reali sono sedotte dai bramini, dagli amici, dai domestici e dagli schiavi. Nel paese di Samdhava servi, figli di latte e altre persone hanno rapporti sessuali con le donne dell'harem. Nel paese di Haimavata i cittadini più intraprendenti corrompono le sentinelle dell'harem. Nel paese di Vanya e di Kalmya, col permesso del re, i bramini entrano nell'harem con la scusa di offrire fiori alle donne e parlano con loro separati da una tenda, e da questa conversazione deriva una futura unione.

Infine le donne dell'harem del re di Prachya nascondono un giovane uomo per ogni nove o dieci donne.

Così agiscono anche le mogli degli altri.

Per questo motivo una moglie deve essere sempre sorvegliata dal marito. Alcuni antichi autori sostengono che un re deve scegliere come guardiani del suo harem quegli uomini di cui è nota e dimostrata la mancanza di desideri carnali; ma questi, sebbene non abbiano tali desideri possono lasciare entrare nell'harem altri uomini per paura o per avidità di denaro. Perciò Gonikaputra afferma che un re deve mettere a guardia dell'harem uomini che non solo siano privi di desideri carnali, ma che siano messi alla prova per quanto riguarda la paura e l'avidità. Infine Vatsyayana dice che, sotto l'influenza del Dharma, la gente può essere fatta entrare; e quindi bisogna scegliere sentinelle senza desideri carnali, senza avidità e senza Dharma.

I seguaci di Babhravya sostengono che un uomo può fare unire la moglie con una giovane donna che gli svelerà i segreti altrui e che può riferirgli sulla fedeltà della moglie. Vatsyayana, però, afferma che, siccome i cattivi hanno sempre successo con le donne, un uomo non deve permettere che la sua ingenua moglie venga corrotta mettendola in compagnia di una donna falsa. Le cause per cui una donna diviene infedele sono: Fare vita di società e stare in compagnia. Mancanza di sorveglianza. La perduta abitudine del marito. Disattenzione nelle sue relazioni con altri uomini. Lunghe e frequenti assenze del marito. Vivere in un paese straniero. Distruzione del suo amore e dei suoi sentimenti da parte del marito. Compagnie di donne corrotte. La gelosia del marito.

I seguenti versi riguardano questo tema: «Un uomo abile che ha appreso dallo Shastra i metodi per conquistare le mogli degli altri, non sarà mai ingannato dalla propria. Nessuno però deve usare questi metodi per insidiare le mogli degli altri, poiché non sempre hanno successo, portano spesso a disastri e alla distruzione del Dharma e dell'Artha. Questo libro, che mira al bene degli uomini e ad insegnare loro la maniera di sorvegliare le proprie mogli, non deve essere soltanto usato per sedurre le mogli degli altri».

PARTE SESTA

Le cortigiane

1. LE RAGIONI PER CUI LE CORTIGIANE DEVONO FREQUENTARE GLI UOMINI. COME ATTIRARE L'ATTENZIONE DELL'UOMO DESIDERATO E IL TIPO DI UOMO DI CUI SI DOVREBBE FARE CONOSCENZA

Le cortigiane, poiché hanno rapporti con uomini, traggono da questi non soltanto il piacere, ma anche il loro mantenimento.

Se una cortigiana si lega ad un uomo per amore, l'azione è naturale; ma se ella lo frequenta per ricavarne denaro, la sua condotta è finta e artefatta. Tuttavia in questo ultimo caso ella deve comportarsi come se il suo amore fosse autentico, perché gli uomini si fidano molto di quelle donne che sembrano amarli. Per manifestare all'uomo il suo amore, ella non deve mostrarsi avida di denaro, e per brama di un futuro guadagno, non deve sottrargli soldi.

Una cortigiana deve rimanere sulla soglia della sua casa, ben vestita e adornata, ma senza mettersi troppo in evidenza, deve osservare la strada in modo da essere vista dai passanti, come un oggetto esposto in vetrina. Deve inoltre essere amica di persone che possano insegnarle il modo di separare gli uomini dalle loro donne e legarli a sé; di rimediare alle sue disgrazie; di diventare ricca e proteggersi dall'ostilità o dagli assalti di quelli con cui ella potrebbe avere trattative di altro genere. Tali persone sono: I gendarmi della città o polizia. Gli ufficiali della corte di giustizia. Astrologhi. Uomini che hanno potere o interessi. Uomini istruiti. Insegnanti delle sessantaquattro arti. *Pithamarda* o confidenti. *Vita* o parassiti. *Vidushaka* o buffoni. Venditori di fiori. Profumieri. Venditori di alcoolici. Lavandai. Barbieri. Mendicanti. Altre persone del genere che possono servirle per un particolare scopo.

I seguenti tipi di uomini possono essere avvicinati solo al fine di ricavarne denaro. Uomini economicamente indipendenti. Giovani. Uomini liberi da ogni legame. Uomini che occupano posti di grande autorità sotto il re. Uomini che posseggono i mezzi per vivere assicurati senza difficoltà. Uomini che si ritengono belli. Uomini che lodano sempre se stessi. Un eunuco che vuole essere considerato un uomo. Un uomo che odia i suoi simili. Un uomo di natura liberale. Uno influente sul re o sui suoi ministri.

Un uomo sempre fortunato. Un uomo orgoglioso della propria ricchezza. Uno che disobbedisce agli ordini delle persone più anziane. Un uomo mal visto dai membri della sua casta. Un figlio unico di padre ricco. Un uomo ascetico turbato dal desiderio. Un uomo coraggioso. Un medico del re. Conoscenze precedenti.

Quelli che sono forniti di ottime qualità devono essere frequentati per la salvezza dell'amore e per la fama. Questi sono:

Uomini nati nobili, colti che conoscono il mondo, che compiono le azioni giuste nel momento opportuno, poeti, raffinati narratori di storie, eloquenti, energici, uomini costanti, di fede incrollabile, uomini non irascibili, generosi, affezionati ai loro parenti, amanti dei ricevimenti sociali, abili nel terminare versi iniziati dagli altri e in altri giochi, uomini sani, uomini che hanno un corpo perfetto, forte, non amanti del bere, uomini di grande prestanza nel fare l'amore, socievoli, uomini che manifestano amore per le donne che conquistano e a cui non sono mai interamente fedeli, economicamente indipendenti, non invidiosi e per ultimo, non sospettosi.

Queste sono le buone qualità di un uomo.

Anche la donna deve avere le seguenti caratteristiche.

Deve essere bella e amabile, deve avere segni propizi sul corpo. Deve amare le buone qualità degli altri e la ricchezza. Deve provare piacere nei rapporti sessuali nati dall'amore, deve avere un'indole stabile e deve appartenere alla stessa categoria dell'uomo rispetto al piacere sessuale. Ella deve tendere ad acquisire esperienze e nozioni nuove, a liberarsi dall'avidità, ad amare le riunioni sociali e le arti.

Le qualità comuni a tutte le donne sono: L'intelligenza, buone disposizioni e ottime maniere; comportamento sincero; riflettere bene prima di agire; possesso di energia; avere una condotta costante e saper distinguere il tempo e il luogo adatti per agire; parlare dignitosamente; non fare risate sonore; non essere maligne, irose, avare, dure o stupide; avere una buona conoscenza del Kamasutra ed essere abili nelle sue arti.

I difetti delle donne vengono notati facilmente se manca una qualsiasi delle buone qualità ora elencate.

I tipi di uomini che seguono nell'elenco non sono adatti alle cortigiane: Un uomo tubercoloso; un uomo di salute cagionevole; uno che ama la moglie; uno che parla senza garbo; un uomo sospettoso; un uomo avido e cattivo; un ladro; un uomo presuntuoso; un uomo amante della stregoneria; uno che si preoccupa del rispetto o del disprezzo degli altri; uno facilmente corruttibile col denaro anche dai nemici; un uomo molto timido.

I motivi che spingono la cortigiana a frequentare gli uomini, secondo antichi autori sono: l'amore, la paura, il denaro, il godimento, la vendetta, la curiosità, il dolore, il rapporto sessuale costante, il Dharma, la celebrità, la compassione, la voglia di avere un amico, la vergogna, la somiglianza dell'uomo con la persona amata, la ricerca della buona fortuna, il desiderio di liberarsi di un altro amore, l'appartenenza alla stessa categoria dell'uomo rispetto all'unione sessuale, il desiderio di vivere nello stesso posto, la fedeltà e la povertà. Per Vatsyayana le sole ragioni per cui le cortigiane si uniscono con gli uomini sono: la brama di ricchezza, la liberazione dalle disgrazie e l'amore.

La cortigiana non deve mai rinunciare al denaro per amore, poiché esso è la cosa più importante da ottenere. In caso di timore e in altri simili stati d'animo, ella deve opporre alla forza altre qualità. Inoltre, anche se è invitata dall'uomo a unirsi con lui, ella non deve acconsentire subito, poiché gli uomini tendono a disprezzare le cose conquistate facilmente. In queste occasioni, per conoscere lo stato d'animo dell'uomo e le condizioni della sua mente, deve mandare prima i massaggiatori, i cantanti e i buffoni che sono al suo servizio, oppure in mancanza di questi, deve inviare i *Pithamarda*, i confidenti o altre persone. Attraverso la loro opera ella deve verificare se l'uomo è puro o impuro, finto o spontaneo, capace di difetto o indifferente, generoso o avido; se l'uomo è di suo gusto, allora deve ricorrere al *Vita* e ad altri per legarlo a sé.

In un secondo momento il *Pithamarda* deve condurre l'uomo a casa di lei, col pretesto di assistere ai combattimenti delle quaglie, dei galli e dei montoni, di ascoltare i canti del *maina* o di assistere ad altri spettacoli o di praticare un'arte qualsiasi. Quando l'uomo giunge a casa sua, la donna deve porgergli un regalo affettuoso che lo incuriosisca o lo faccia innamorare, dicendogli che è stato scelto espressamente per il suo uso personale. Inoltre la donna deve divertirlo a lungo, narrando storie e facendo cose che possono recargli il maggior piacere possibile. Quando l'uomo se ne va, ella dovrà inviargli una domestica abile nel conversare allegramente e un piccolo dono. Deve fargli spesso visita, accompagnata dal Pithamarda, col pretesto di affari.

Questi sono i modi per legare a sé l'uomo desiderato.

Vi sono anche alcuni versi su questo tema: «Quando un amante si reca a casa sua, la cortigiana deve offrirgli un miscuglio di foglie e noci di betel, ghirlande di fiori e unguenti profumati e, facendogli conoscere la sua abilità nelle arti, deve intrattenerlo conversando con lui. Ella deve anche dargli alcuni pegni d'amore e scambiare oggetti suoi con quelli di lui e contemporaneamente mostrargli la sua abilità nel procurare piacere sessuale. Quando una cortigiana è legata in tal modo col suo amante, deve sempre compiacerlo con doni affettuosi, con la conversazione e con altri dolci mezzi».

2. LA CORTIGIANA CHE VIVE COME MOGLIE CON UN UOMO

Quando una cortigiana vive con l'amante come una moglie, deve comportarsi come una donna virtuosa e fare qualsiasi cosa per soddisfarlo. È suo dovere procurargli ogni godimento, senza legarsi a lui completamente ma tuttavia agendo come se lo amasse davvero.

Per raggiungere il suo fine deve comportarsi così. Avere una madre da mantenere, che deve apparire molto severa e avida di denaro. Se non ha una madre, una vecchia nutrice deve prenderne il posto. La madre o nutrice devono fingersi dispiaciute con l'amante e cercare di allontanare la donna da lui. La donna a sua volta deve mostrarsi inquieta, depressa, timorosa e vergognosa per questo motivo, ma non deve disobbedire mai alla madre o alla nutrice. Ella deve far credere loro che l'uomo è malato e con questa scusa andare a fargli visita. Inoltre deve compiere le seguenti azioni per guadagnarsi i favori dell'uomo:

Deve inviare la propria ancella a casa di lui per prendere i fiori usati il giorno precedente, per usarli ella stessa in segno di affetto, chiedendo anche il miscuglio di noci d'areca e foglie di betel che non è stato mangiato da lui; deve manifestare meraviglia per la sua esperienza del rapporto sessuale e per i suoi numerosi mezzi di procurare piacere; mantenere i suoi segreti, parlargli dei propri e dei propri desideri; nascondere la propria ira; non trascurarlo mai a letto quando si gira verso di lei; toccare ogni parte del suo corpo secondo il suo volere; baciarlo e abbracciarlo quando è addormentato; osservarlo con ansia quando è assorto nei suoi pensieri; non deve mostrarsi né troppo sfacciata né troppo timida quando lo incontra o lo vede sulla terrazza della sua casa; odiare i suoi nemici; amare le persone a lui care; manifestare gli stessi gusti; essere di buono o di cattivo umore a seconda del suo stato; essere curiosa di conoscere le sue mogli; non rimanere adirata per molto tempo; sospettare che i segni e le ferite fatte da lei stessa sul corpo dell'uomo siano stati lasciati da un'altra donna; mostrargli il suo amore non con parole ma con i fatti, coi segni, con le allusioni; restare in silenzio quando dorme, quando è ubriaco o malato; ascoltare quando descrive le sue buone azioni e ripetergliele dopo per suo orgoglio e beneficio; ascoltare i suoi racconti, tranne quelli che si riferiscono alle sue rivali; esprimere i sentimenti di dispiacere e di dolore se egli sospira, sbadiglia o cade; augurargli «lunga vita» quando starnuta; fingere di essere malata o di desiderare un figlio quando egli si sente triste; non apprezzare le buone qualità di altri né criticare coloro che hanno gli stessi difetti del suo uomo; indossare ogni cosa donata da lui; evitare di adornarsi e mangiare quando egli è in pena, malato o sofferente per una disgrazia e addolorarsi e lamentarsi con lui per la stessa ragione; desiderare di accompagnarlo nell'eventualità che lasci il paese o sia bandito dal re; esprimere il desiderio di non vivere più a lungo; dirgli che l'unico desiderio della sua vita è di vivere con lui; offrire agli dèi sacrifici promessi quando egli ottiene ricchezze o realizza un desiderio, o quando è guarito da indisposizione o da malattia; ornarsi ogni giorno; non comportarsi con lui con troppa libertà; invocare il suo nome e il nome della sua famiglia nelle canzoni; poggiare la mano sui suoi lombi, petto e fronte e addormentarsi dopo aver gustato il piacere del tocco delle sue mani; sedere e addormentarsi nel suo grembo; desiderare di avere un figlio da lui; non rivelare i suoi segreti agli altri; distoglierlo dal fare i voti e i digiuni dicendo: «Lascia che il peccato ricada su di me»; osservare i voti e i digiuni con lui quando è impossibile fargli cambiare idea; dirgli che ciò è difficile anche per lei, quando discute con lui dell'argomento; salvaguardare le proprie ricchezze e quelle di lui senza distinzione alcuna; non recarsi nelle pubbliche riunioni senza la sua compagnia e accompagnarlo quando egli lo desidera; aver piacere a servirsi di oggetti già usati da lui e mangiare i suoi avanzi; rispettare la sua famiglia, le sue attitudini, la sua abilità nelle arti, la sua cultura, la sua casta, il suo aspetto, il suo paese nativo, i suoi amici, le sue buone qualità, la sua età, il suo dolce carattere; domandargli di cantare e di fare altre cose simili se ne è capace; andare con lui senza temere il freddo, il caldo o la pioggia; assicurargli che sarà la sua amante anche in una vita futura; adattare ai suoi i propri gusti, le inclinazioni e le azioni; litigare continuamente con la propria madre per andare da lui e, se obbligata con la forza a recarsi in un altro luogo, esprimere il desiderio di uccidersi col veleno, o per fame, o con arma o impiccandosi; e infine rassicurare l'uomo sulla propria fedeltà e amore per mezzo dei suoi agenti e ricevendo ella stessa il denaro ma evitando ogni lite con la madre per quel che riguarda la questione del denaro.

Quando l'uomo parte per un viaggio ella deve farsi promettere che tornerà presto e dirgli che mentre egli sarà assente adorerà gli dèi e non indosserà nessun ornamento eccetto quelli portafortuna. Se il tempo stabilito per il suo ritorno è trascorso, ella deve fare in modo di sapere in quale momento esatto esso avverrà, ricorrendo ai presagi, alle voci del popolo, alla posizione dei pianeti, della luna e delle stelle. In occasioni di svaghi e di sogni favorevoli ella deve dirsi: «che io possa essere al più presto riunita con lui». Se ella soffre di tristezza, o vede un cattivo presagio, deve fare qualche rito propiziatorio.

Al suo ritorno ella deve adorare il Dio Kama e fare offerte agli altri dèi e avendo fatto recare dagli amici un recipiente pieno di acqua, deve compiere il rito in onore del corvo che mangia le offerte, rito che noi dedichiamo alle anime dei morti. Quando la sua prima visita è terminata ella deve chiedere all'amante di compiere anch'egli alcuni riti e se l'ama abbastanza sicuramente lo farà.

Si dice che un uomo vuol bene ad una donna quando il suo amore è disinteressato; quando persegue gli stessi scopi della donna amata; quando non ha sospetti sul suo conto; e quando è indifferente alle questioni di denaro che la riguardano.

Dettaka ci ha descritto nei suoi precetti questo modo di comportarsi di una cortigiana che vive con un uomo come moglie. Quello che qui non è stato esaminato, deve essere praticato secondo gli usi dei popoli e il carattere di ognuno.

Vi sono anche due versi su questo tema: «La grandezza dell'amore delle donne non è nota neppure a quelli che sono da loro stesse amati, e ciò a causa dell'astuzia, dell'avarizia e della naturale intelligenza del sesso femminile». «È difficile conoscere il vero aspetto delle donne per quanto possano amare gli uomini, o essere indifferenti verso di loro; per quanto possano amarli o abbandonarli o togliere loro tutte le ricchezze».

3. I METODI PER RIUSCIRE A OTTENERE DENARO. SUI MODI CON CUI UN AMANTE MANIFESTA LA PROPRIA STANCHEZZA E COME LA CORTIGIANA PUÒ LIBERARSI DI LUI

Ci sono due modi per ottenere denaro da un amante: metodi naturali o legali e metodi artificiali.

Gli antichi autori affermano che una cortigiana non deve ricorrere ai metodi artificiali se può ottenere dal suo amante tutto il denaro che vuole. Vatsyayana tuttavia sostiene che, anche facendo uso di mezzi naturali, la donna può ricavare il doppio del denaro dell'amante ricorrendo a mezzi artificiali, perciò ella deve servirsi di espedienti per estorcergli denaro in ogni occasione.

Gli espedienti a cui deve ricorrere sono i seguenti:

Carpire denaro in varie occasioni per comperare cose come fiori, ornamenti, cibo, bevande, profumi, e vestiti senza poi in effetti acquistarli oppure facendosi dare denaro in quantità maggiore al costo di queste cose. Lodare in presenza dell'uomo la sua intelligenza.

Dichiarare di dover fare dei doni in occasioni di feste religiose per osservare dei voti, per aver piantato un albero, per aver composto un giardino, costruito templi o serbatoi. Tornando a casa sua, fingere che le siano stati rubati i gioielli dalle guardie del re o dai ladri.

Dire che la sua proprietà è stata distrutta da un incendio, insieme agli oggetti della casa, oppure per la negligenza dei suoi servi. Sostenere di aver perso i propri ornamenti personali e quelli dell'amante. Ottenere che altre persone gli riferiscano tutte le spese che ella ha dovuto affrontare da quando lo ha conosciuto.

Fare debiti per amore del suo amante.

Litigare con sua madre per alcune spese fatte per l'amante e disapprovate da lei.

Non recarsi a feste e a ricevimenti in casa di amici dove sarebbe obbligata a portare doni, dopo aver prima fatto sapere all'amante dei regali di valore che questi amici avevano fatto a lei. Non osservare alcuni riti festivi col pretesto di non avere denaro per praticarli.

Ingaggiare alcuni artisti per far divertire il suo amante.

Intrattenere medici e ministri per raggiungere un particolare obiettivo.

Aiutare amici e benefattori sia in occasione di feste che nelle disgrazie.

Compiere riti propiziatori per la casa.

Dire di dover sostenere le spese per il matrimonio del figlio di un'amica.

Affermare di dover soddisfare strani desideri mentre è incinta.

Fare finta di essere ammalata e fargli pagare il conto del medico.

Dover risolvere i problemi di un amico.

Vendere alcuni suoi ornamenti per comperare un regalo all'amante.

Far finta di vendere alcuni ornamenti, mobili, utensili da cucina ad un commerciante già istruito su come comportarsi.

Dover comperare oggetti da cucina più pregiati di quelli di altre persone, in modo da poterli distinguere facilmente e non confonderli con altri di minor valore.

Ricordare i regali ricevuti in precedenza dall'amante, facendo in modo che gli amici e i suoi sostenitori ne parlino di continuo.

Informare l'amante degli alti guadagni delle altre cortigiane.

Dichiarare dinanzi a loro e in presenza dell'amante i suoi elevati guadagni facendo notare che essi sono più alti di quelli delle altre, anche se non è vero.

Opporsi apertamente a sua madre quando tenta di farla unire con uomini che ella ha in precedenza conosciuto, per i grandi guadagni che può ottenere.

Infine, far osservare all'amante la generosità dei suoi rivali.

Questi sono i metodi da praticare per acquistare denaro.

Una donna comprende il modo di pensare, i sentimenti, l'umore dell'amante dai suoi mutamenti di umore, dal suo comportamento e dal colore del volto.

L'amante, i cui sentimenti si vanno affievolendo, agisce così:

Egli dà alla donna meno di ciò che ella desidera o qualcosa di diverso da ciò che gli è stato richiesto.

Alimenta le sue speranze con promesse.

Fa finta di fare una cosa mentre invece ne compie un'altra.

Dimentica le promesse e agisce in modo differente da come aveva detto.

Non soddisfa i suoi desideri.

Parla con i suoi servi in modo misterioso.

Dorme nella casa di qualcun altro con la scusa di dover fare qualcosa per un amico.

Parla di nascosto con i domestici della donna con cui ha avuto una precedente relazione.

Quando una cortigiana nota il mutamento dell'amante verso di lei, deve impossessarsi dei suoi oggetti migliori prima che l'uomo ne capisca le intenzioni. Deve accordarsi con un creditore e fingere che questi li porti via col pretesto del pagamento di un certo debito. In seguito se l'amante è ricco e si è sempre comportato bene verso di lei, ella continuerà a trattarlo con riguardo ma se è povero oppure se lo è diventato, lo abbandonerà subito. I mezzi per liberarsi di un amante sono:

1. Descrivere le abitudini e i vizi dell'amante come sgradevoli e immorali, come ad esempio il sogghigno della bocca e la forma dei piedi. 2. Parlare di un argomento che egli ignora. 3. Disprezzare la sua sapienza e criticarla. 4. Umiliare il suo orgoglio. 5. Cercare la compagnia di uomini più saggi e più colti di lui. 6. Manifestare indifferenza nei suoi confronti in ogni occasione. 7. Farsi vedere insoddisfatta dei mezzi di piacere da lui praticati. 8. Non porgergli la bocca da baciare. 9. Non consentirgli l'accesso al *jaghana*. 10. Mostrare il suo disgusto per i segni impressi dalle sue unghie e dai suoi denti. 11. Non stringersi a lui quando l'abbraccia. 12. Non eseguire le arti quando si unisce a lui. 13. Desiderare il rapporto sessuale con lui quando è stanco. 14. Farsi gioco del suo amore per lei. 15. Sfuggirgli quando egli cerca di abbracciarla. 16. Non ricambiare il suo amplesso. 17. Fingere di avere sonno. 18. Recarsi a far visite, quando egli vuole avere un rapporto con lei. 19. Fraintendere le sue parole. 20. Ridere senza alcun motivo, o durante uno scherzo fatto a lui, ridere con una scusa qualsiasi. 21. Guardare con occhiate oblique i suoi servi personali e torcersi le mani quando parla. 22. Interrompere i suoi racconti quando parla, cominciare ella stessa a narrare altre storie. 23. Descrivere i suoi difetti e vizi e farli apparire incurabili. 24. Dire parole alle sue ancelle che possano offenderlo. 25. Chiedergli qualcosa che non è in grado di dare. 26. Infine, liberarsi di lui. A tale proposito sono stati scritti alcuni versi: «Il compito di una cortigiana è quello di fare la conoscenza degli uomini adatti, dopo aver opportunamente riflettuto e cercato di attirare l'affetto delle persone con cui si è unita; ottenere ricchezza dall'uomo che si è affezionato a lei e liberarsene dopo avergli tolto tutto».

«Una cortigiana, che conduce la vita di moglie in questo modo, non è turbata da molti amanti e acquista grandi ricchezze».

4. COME RIUNIRSI CON UN PRECEDENTE AMANTE

Quando una cortigiana si libera di un amante dopo avergli tolto tutte le sue ricchezze, può prendere in considerazione l'eventualità di riunirsi con un vecchio amante, ma lo farà solo se egli ha acquistato nuove ricchezze o se è ancora ricco, oppure se è affezionato a lei. Ma se l'uomo vive con un'altra donna ella dovrà riflettere bene prima di agire.

L'uomo può trovarsi in una delle seguenti condizioni:

Può aver lasciato la prima donna spontaneamente oppure dopo averne abbandonata un'altra. Può essere stato allontanato da entrambe le donne. Può aver lasciato egli stesso la prima ed essere stato abbandonato dalla seconda. Può essere stato allontanato da una e può aver lasciato l'altra spontaneamente. Può essere stato lasciato dalla prima e convivere con un'altra.

Se l'uomo ha abbandonato entrambe le donne di sua volontà, non bisogna ritornare a lui per la volubilità del suo carattere e per l'indifferenza che mostrava nei loro confronti.

L'uomo che è stato lasciato da entrambe le donne, se è stato respinto dall'ultima poiché ella poteva ottenere più denaro da un altro, può essere riavvicinato dalla prima: se le è ancora affezionato le darà più denaro per vanità e per far dispetto all'altra. Se invece è stato allontanato dalla donna per la sua povertà o avarizia, non deve essere riavvicinato.

L'uomo può essere riavvicinato nel caso che abbia lasciato la prima donna spontaneamente e sia stato respinto dall'altra, e acconsente a tornare con la prima e a darle denaro in anticipo.

Se l'uomo ha abbandonato una donna di sua volontà e vive con un'altra, la prima, volendo riprendere rapporto con lui, deve accertarsi che l'uomo l'abbia lasciata sperando di trovare un'altra di migliore qualità e non avendola trovata, desideri ritornare con lei e darle molto denaro per farsi perdonare il suo comportamento e per l'affetto che ancora nutre verso di lei.

O se, avendo scoperto difetti nell'altra donna, noti ora in lei qualità migliori di quelle che realmente siano, e per queste ragioni sia disposto a darle molto denaro.

Infine la cortigiana deve considerare se l'uomo era: un debole o uno a cui piaceva fare l'amore con molte donne, o uno a cui piaceva una donna povera, o un uomo che non aveva mai fatto niente per la donna con cui viveva. Dopo aver riflettuto su tutto ciò la donna deciderà se ritornare o meno da lui, secondo le circostanze. Una donna che voglia riunirsi a un uomo che abbia lasciato, e che a sua volta ha abbandonato un'altra donna, dovrà accertarsi se egli ancora prova affetto per lei e se è disposto a dare molto denaro; o se attirato dalle sue buone qualità non è attratto da altre donne; o se avendolo ella abbandonato prima di aver soddisfatto i suoi piaceri, egli voglia riunirsi con lei per vendicarsi dell'oltraggio subito; o se desideri illuderla per poi riprendersi tutte le ricchezze che gli ha tolte e mandarla in rovina; o se egli voglia separarla dall'attuale amante e poi lasciarla egli stesso. Avendo riflettuto su tutte queste cose, se la donna ritiene che l'uomo ha intenzioni oneste, può riunirsi con lui; se invece l'uomo non è sincero ella deve evitare di farlo.

Nel caso di un uomo respinto da una donna e convivente con un'altra e che tenti di ricongiungersi con la prima, la cortigiana deve considerare bene cosa decidere e mentre l'altra donna cerca di attirarlo a sé, ella di nascosto dovrà tentare di conquistarlo dicendosi. Egli fu allontanato senza ragione valida e ingiustamente; ora che si è rivolto ad un'altra, devo tentare di riconquistarlo. Se potesse parlare con me ancora una volta, troncherebbe i rapporti con l'altra. L'orgoglio del mio amante attuale sarebbe ferito a causa del precedente. È diventato ricco, ha conquistato una posizione privilegiata ed ha un compito di fiducia presso il re.

Ora è indipendente. Ha lasciato la moglie. Vive separato dal padre e dal fratello. Facendo pace con lui riuscirò a conquistare un uomo molto ricco, che adesso non si accosta a me a causa dell'attuale amante.

Poiché non è rispettato dalla moglie io sarò capace di separarlo da lei. Il suo amico ama la mia rivale che mi odia molto; per suo tramite posso dividere l'amico dall'amante. Infine, getterò discredito su di lui riconquistandolo e mostrando così la sua debolezza di carattere.

Quando una cortigiana intende riallacciare i rapporti con un ex-amante, il suo Pithamarda e gli altri domestici devono raccontare all'uomo che egli fu cacciato dalla casa della donna per la cattiveria di sua madre, che la donna lo amava allora come sempre, ma che non poté opporsi alla volontà della madre; che ella detesta l'amante attuale e che non le piace affatto. Inoltre essi cercheranno di far nascere la fiducia nell'animo dell'uomo, dicendogli dell'amore che la donna nutriva per lui e alludendo ad un particolare segno d'amore che la donna ha sempre ricordato; tale segno d'amore deve ricordare un certo piacere che egli le può aver procurato. Questi sono i modi con cui riallacciare una relazione con un vecchio amante.

Gli Acharya, o saggi, ritengono che, quando una donna deve fare la scelta fra due amanti, di cui uno abbia già avuto una relazione precedente con lei mentre l'altro sia estraneo, la donna deve preferire il primo, perché ne conosce il carattere e può soddisfarlo più facilmente. Vatsyayana invece sostiene che è meglio scegliere il nuovo amante, poiché su di lui si può fare più affidamento che sul vecchio, il quale ha già speso parte delle sue ricchezze e quindi non può o non vuole dare ancora molto denaro. Ma, vi possono essere casi particolari che fanno eccezione alla regola generale a seconda del differente carattere degli uomini. Vi sono al riguardo alcuni versi: «Riprendere rapporto con un vecchio amante può essere utile se si vuole separare una certa donna da un certo uomo, o un certo uomo da una certa donna, o per ottenere un determinato effetto sull'amante attuale».

«Quando un uomo è troppo legato ad una donna, ha paura che ella possa avere rapporti con altri uomini; non nota allora, o non considera, i suoi difetti e le dà molto denaro e ricchezza per timore di essere abbandonato».

«Una cortigiana deve comportarsi con gentilezza verso l'uomo che le è affezionato e disprezzare colui che non ha premure. Se, mentre ella convive con un uomo, si reca da lei un messaggero inviato da un altro, può respingerlo o fissare il giorno in cui possa farle visita, ma non deve abbandonare l'uomo con cui vive e che può esserle affezionato».

«Una donna giudiziosa riprenderà la sua relazione con un vecchio amante se è certa di ottenere in tal modo fortuna, ricchezza, amore e amicizia».

5. I DIVERSI METODI DI GUADAGNO

Una cortigiana non si deve concedere ad un solo amante quando ogni giorno ha l'opportunità di guadagnare molto denaro incontrando più uomini. In tali circostanze ella stabilirà il prezzo per una notte, considerando il luogo, la stagione e la condizione dell'uomo, e tenendo conto delle proprie qualità personali e della propria bellezza e dopo aver fatto un confronto tra la sua tariffa e quella delle altre cortigiane; in seguito può informare amanti, amici e conoscenti. Tuttavia se ella può ricavare molto denaro da un solo amante, può dedicarsi solo a lui e vivere con lui come una moglie. I sapienti sostengono che, quando una cortigiana può ottenere lo stesso guadagno da due amanti nel medesimo periodo, ella deve scegliere colui che le concederà ciò che desidera. Ma Vatsyayana afferma che ella deve scegliere colui che regala l'oro, poiché questo non deve essere restituito come altri oggetti, si può donare facilmente, e con esso si può comperare qualunque cosa si vuole. L'oro è l'oggetto che ha un valore maggiore di tutti gli altri (argento, rame, bronzo, ferro, vasi, mobili, letti, vestiti, indumenti intimi, sostanze aromatiche, vasellame di zucca, burro, olio, corno, bestiame e altri simili).

Quando c'è bisogno dello stesso impegno per attirarsi entrambi gli amanti, o quando da ognuno di essi si possono ottenere le stesse cose, ella dovrà chiedere consiglio per la scelta ad un amico, considerando le qualità dei due uomini o i segni della buona o cattiva sorte che a essi sono collegati. Secondo l'opinione dei saggi, quando vi sono due amanti, di cui uno è affezionato alla cortigiana e l'altro è solamente generoso, ella deve preferire quest'ultimo; Vatsyayana invece sostiene che è meglio che ella scelga quello che nutre dei sentimenti verso di lei in quanto lo si può far diventare generoso, dato che anche un povero dona denaro se si affeziona ad una donna. Al contrario, un uomo soltanto generoso non amerà mai con vera devozione; ma se fra tutti gli uomini che le sono affezionati, ce n'è uno povero e uno ricco, naturalmente dovrà preferire il ricco.

Alcuni saggi affermano che, quando la cortigiana ha due amanti, uno generoso e l'altro pronto a servirla, ella deve preferire il secondo, ma Vatsyayana è del parere che un uomo che renda un servigio crede di aver raggiunto il suo fine dopo aver dato qualcosa una volta, mentre un uomo generoso non tiene conto di quello che ha già fatto e dato. In questa circostanza la scelta dovrà essere fatta tenendo conto del futuro benessere che potrà provenire dall'unione con uno dei due uomini. Nel caso in cui esista un amante che provi riconoscenza e uno che sia più liberale, i saggi affermano che è meglio preferire quest'ultimo. Vatsyayana invece ritiene che si debba scegliere il primo, perché gli uomini liberali sono spesso superbi e vogliono essere ammirati dagli altri. Questi, dopo essere rimasti in rapporti amichevoli con la cortigiana per molto tempo, se scoprono in lei una colpa o se un'altra donna dice loro delle bugie sul suo conto, troncano bruscamente la relazione, senza considerare i servigi che la donna ha loro resi. L'uomo che prova riconoscenza, invece, non si stacca bruscamente, perché considera gli sforzi che ella ha fatto per compiacerlo. La scelta fra i due dovrà essere fatta riflettendo su quello che può accadere in futuro. Quando alla cortigiana si presenta l'opportunità di acconsentire alla richiesta di un amico o di ricavare un guadagno, secondo il parere dei saggi, ella deve scegliere il guadagno. Vatsyayana, invece, sostiene che il denaro si può ottenere in ogni caso, mentre se non accetta di soddisfare un amico, il suo affetto può spegnersi. Quindi ella dovrà scegliere considerando quello che potrà avvenire in futuro. In questo caso, tuttavia, non offenderà l'amico se gli racconterà di avere molte cose da sbrigare e che esaudirà le sue richieste il giorno seguente, così facendo avrà la possibilità di ottenere il guadagno che le è stato offerto.

Quando le si presentano contemporaneamente la possibilità di ottenere un guadagno e quella di evitare un danno, i saggi affermano che è meglio il guadagno; invece Vatsyayana sostiene che il denaro è meno importante dell'evitare un danno. Ma la scelta in questa circostanza va fatta a seconda della gravità del danno. Il denaro delle cortigiane migliori e più ricche viene speso nel modo seguente: nella costruzione di templi, vasche e giardini; nell'accrescere il culto degli déi, celebrare feste in loro onore; nel regalare mille vacche a diversi bramini e infine nel fare voti secondo le loro possibilità.

Il denaro delle altre cortigiane viene utilizzato come segue: per avere un abito bianco da indossare ogni giorno; per avere cibo e bevande sufficienti ad alimentarsi; per mangiare tutti i giorni una *tambula* profumata, cioè un miscuglio di noci e di foglie di betel; per indossare ornamenti dorati. Questi, secondo i saggi, rappresentano il guadagno delle cortigiane di categoria media e inferiore, ma Vatsyayana ritiene che questo guadagno non si può calcolare e né può essere precisato, perché è in relazione al luogo, alle usanze del paese, al loro aspetto esteriore e ad altri fattori.

Quando una cortigiana vuole un uomo che appartiene ad un'altra donna; o vuole separarlo da una donna a cui egli è affezionato; o vuole togliere ad una donna il denaro che riceve da lui; o ritiene di elevare la sua posizione o di godere di una grande fortuna o di divenire più desiderabile per gli altri uomini unendosi a lui, o desidera ottenere il suo appoggio per evitare qualche disgrazia; o lo ama davvero; o vuole, per mezzo di lui, offendere qualcuno; o ne ha una buona opinione per un favore che egli le ha reso precedentemente; o vuole unirsi a lui solo per desiderio; se esiste una di queste ragioni ella dovrà prendere da lui solo una piccola somma di denaro in via amichevole.

Quando una cortigiana intende lasciare un amante e cominciare una relazione con un altro; quando crede che egli stia per lasciarla per tornare dalle sue mogli; o che avendo ormai speso tutte le sue ricchezze è rimasto senza denaro, il suo precettore, padrone o padre, verrà a riprenderlo; o che egli stia per perdere la sua posizione sociale; o che infine è molto volubile; in ognuna di tali circostanze ella cercherà di ottenere da lui la maggior quantità possibile di denaro e al più presto. Se la cortigiana ritiene che il suo amante stia per ricevere un regalo di grande valore; o stia per ottenere dal re un posto di comando; o stia per ereditare grandi ricchezze o che la sua nave stia per arrivare carica di merci; o che possieda grandi quantità di corno o di altri oggetti; o che qualsiasi cosa che ella farà per lui non sarà stata fatta invano; che egli mantenga sempre le sue promesse; allora tenendo conto del suo benessere futuro, vivrà con lui come moglie.

Sull'argomento trattato vi sono alcuni versi: «Considerando il suo guadagno attuale e il suo benessere futuro, una cortigiana starà lontana dagli uomini di precarie condizioni economiche e da quelli che sono diventati egoisti e poco generosi, essendo divenuti i favoriti del re». «Ella farà tutto quanto è in suo potere per unirsi a persone ricche e agiate, e a persone che è pericoloso trascurare o evitare. Anche a costo di grandi sacrifici ella dovrà cercare di incontrare uomini forti e generosi che le donino grandi somme di denaro, quando ella agisce secondo i loro desideri, anche per piccoli servigi e piccole cose».

6. I GUADAGNI E LE PERDITE. I GUADAGNI E LE PERDITE SIMULTANEE. I DUBBI. I VARI GENERI DI CORTIGIANE

Talvolta, la ricerca di denaro e la brama di realizzare determinati guadagni hanno come effetto soltanto delle perdite, e le cause di esse possono essere: scarsa intelligenza. Troppo amore. Orgoglio eccessivo. Troppa considerazione di se stessi. Troppa ingenuità. Fiducia eccessiva. Troppa ira. Trascuratezza. Imprudenza. Influenza negativa. Cause accidentali. Le conseguenze di tali perdite possono essere: Affrontare spese che non portano alcun risultato. Distruggere un futuro benessere. Un arresto nei guadagni che si è sul punto di ottenere. Perdita di quanto si è guadagnato. Un brutto carattere. Diventare incapaci di avere l'affetto degli altri. Intaccare la ricchezza. Perdita di capelli e altri incidenti.

Esistono tre tipi di guadagno: di ricchezze, di meriti religiosi, di piacere. Esistono anche tre tipi di perdite: di ricchezze, di meriti religiosi e di piacere.

Quando si cerca di realizzare determinati guadagni e insieme con questi se ne realizzano altri, questi sono detti guadagni concomitanti. Quando il guadagno non è sicuro, il dubbio che si nutre circa la possibilità di realizzarlo è chiamato dubbio semplice. Quando esiste il dubbio che tra due cose se ne possa ottenere una sola, esso viene chiamato dubbio misto. Se mentre si compie una sola cosa si ottengono due risultati, si ha ciò che viene chiamato la combinazione di due risultati; e se dalla stessa azione conseguono più effetti, si ha una combinazione di risultati da ogni parte. Ora faremo alcuni esempi di quanto è stato detto.

Come abbiamo visto esistono tre tipi di guadagno e tre tipi di perdita. Si ha il guadagno di ricchezze accompagnato da altri guadagni, quando una cortigiana, vivendo con un uomo potente, ottiene una ricchezza immediata e, in aggiunta a ciò, entra in relazione con altre persone, e ha così l'opportunità di realizzare una fortuna futura.

Si ha il guadagno non unito ad altri generi di guadagni, quando una cortigiana, vivendo con un uomo, ottiene solamente denaro.

Si ha il guadagno accompagnato da perdite, quando una cortigiana, ricevendo denaro da altre persone oltreché dall'amante, può di conseguenza perdere future ricchezze che potrebbe ottenere dal suo attuale amante, oppure l'affetto di un uomo sicuramente affezionato a lei, essere odiata da tutti, o anche unirsi con un uomo che può rovinare il suo bene futuro.

Quando una cortigiana, a sue spese e senza guadagnare nulla, si unisce con un uomo di elevate condizioni, o con un ministro avaro, per evitare una sciagura o per allontanare le cause che possono provocare la perdita di un forte guadagno, ciò è detto perdita di ricchezze accompagnata dal conseguimento del futuro benessere che ne può derivare.

Quando una cortigiana si comporta con gentilezza, anche a sue spese, con un uomo meschino o orgoglioso della sua bellezza, o verso un uomo senza riconoscenza e abile nell'arte di far innamorare, e senza alla fine ricevere alcun guadagno da questa relazione, ciò è detto perdita di ricchezze non seguita da alcun guadagno. Quando una cortigiana è gentile con uno degli uomini sopraelencati ma che inoltre sia un favorito del re, crudele e potente, senza realizzare nessun risultato positivo e correndo il ṛ̣̣̣̣̣̣ di essere abbandonata in qualsiasi momento, tale perdita ṛ̣̣̣̣dita accompagnata da altre perdite.

In questo modo il lettore può distinguere i guadagni e le perdite, i guadagni seguiti da perdita dei meriti religiosi e del piacere, e di tutte le loro diverse combinazioni.

Così si concludono le osservazioni sui guadagni e sulle perdite e sui guadagni e sulle perdite simultanee.

Ora descriveremo i dubbi, che sono anch'essi di tre generi: dubbi sulle ricchezze, sui meriti religiosi e sul piacere.

Ecco alcuni esempi: Quando una cortigiana non è sicura di quello che un uomo può darle o può spendere per lei, questo è detto dubbio sulla ricchezza. Quando una cortigiana non sa se è bene o male per lei lasciare un uomo da cui non può più ricavare denaro, poiché già gli ha tolto tutte le sue sostanze, questo è chiamato dubbio sui meriti religiosi. Quando una cortigiana non riesce a trattenere un amante o è incerta sul fatto di poter ricavare piacere da una persona circondata dalla famiglia o da una persona umile, tale dubbio è chiamato dubbio sul piacere.

Quando una cortigiana teme che un uomo potente ma di bassi principi possa causarle una certa perdita, non avendo agito gentilmente verso di lui, tale dubbio è chiamato dubbio sulla perdita di ricchezze.

Quando una cortigiana teme di perdere i suoi meriti religiosi abbandonando un uomo a lei affezionato, senza concedergli il minimo favore e rendendolo infelice in questo mondo e nell'altro, tale dubbio è detto dubbio sui meriti religiosi.

Quando una cortigiana teme di perdere l'amore dell'amante se ne parla o lo rivela, e senza aver quindi appagato il suo desiderio, questo dubbio è chiamato dubbio sulla perdita del piacere.

Dubbi di varia natura. La relazione o il rapporto sessuale con un uomo di cui non si conosca il carattere, presentato da un amante o da una persona potente, può procurare un guadagno come una perdita; questo tipo di dubbio viene chiamato dubbio misto sull'acquisto o sulla perdita di ricchezze. Se una cortigiana è pregata da un amico o è mossa dalla pietà ad avere un'unione con un dotto bramino, uno studente religioso, un uomo che fa sacrifici, un devoto o un asceta innamorati di lei, facendo ciò ella può acquistare o perdere i meriti religiosi; un tale dubbio viene chiamato dubbio misto sul guadagno e sulla perdita di meriti religiosi. Se una cortigiana confida solo su quello che le riferiscono altre persone a riguardo di un uomo e va da lui senza prima assicurarsi che egli sia di ottime qualità, ella può sia perdere che guadagnare il piacere, secondo che l'uomo abbia buone o cattive intenzioni; questo dubbio viene detto dubbio misto sul guadagno e sulla perdita del piacere. Uddalika ha esaminato i duplici guadagni e le duplici perdite nel modo seguente.

Quando una cortigiana convive insieme a un amante e riceve da lui denaro e piacere, questo è chiamato guadagno duplice.

Quando una cortigiana vive con un uomo a sue spese, senza ottenere dalla relazione alcun guadagno, o se oltre a ciò l'amante riprende ciò che può averle regalato in precedenza, questa è chiamata duplice perdita.

Quando una cortigiana ignora se un uomo appena conosciuto potrà affezionarsi a lei e donarle qualcosa, una volta innamoratosi di lei, questo è chiamato duplice dubbio sul guadagno.

Quando una cortigiana non sa se un vecchio nemico, placato a sue spese, le arrecherà danno a causa del suo rancore per lei; o se affezionandosi a lei, la priverà poi di tutto quello che può averle regalato, questo è chiamato duplice dubbio sulla perdita.

Babhravya esamina i doppi guadagni e le doppie perdite nel modo seguente.

Quando una cortigiana può avere denaro da un uomo a cui fa visita e altrettanto denaro da un uomo a cui non fa visita, si ha il duplice guadagno. Nel caso che una cortigiana, recandosi da un uomo, debba sostenere altre spese, ma non andando a visitarlo, corra il rischio di subire una irrimediabile perdita, si ha la duplice perdita. Se una cortigiana ignora, recandosi a visitare un uomo, se egli le darà qualcosa senza che ella debba sostenere spese, e non sa se un altro uomo, senza che ella si rechi a visitarlo, le donerà qualcosa, si ha il duplice dubbio sul guadagno.

Quando una cortigiana non sa se un vecchio nemico, recandosi a visitarlo a sue spese, le toglierà ciò che può averle donato, e teme che, non recandosi a visitarlo, egli le causerà danni che possano colpirla, si ha il duplice dubbio sulla perdita. Scambiando gli elementi sopra elencati si ottengono i sei seguenti generi di risultati misti. *a*) Guadagno da una parte e perdita dall'altra. *b*) Guadagno da una parte e dubbio sul guadagno dall'altra. *c*) Guadagno da una parte e dubbio sulla perdita dall'altra. *d*) Perdita da una parte e dubbio sul guadagno dall'altra. *e*) Dubbio sul guadagno da una parte e dubbio sulla perdita dall'altra. *f*) Dubbio sulla perdita da una parte e perdita dall'altra. Una cortigiana, dopo aver riflettuto su quanto è stato detto e dopo essersi consigliata con gli amici, cercherà di ottenere guadagni possibilmente molto alti e di evitare possibili sventure. I meriti religiosi e il piacere devono a loro volta essere messi in rapporto con altri fattori in modo da ottenere nuove combinazioni. Quando una cortigiana ha rapporti con diversi uomini, deve fare in modo di ottenere da essi denaro e piacere. In determinate occasioni, come le feste di primavera, ella farà dire da sua madre ai suoi amanti che ella si intratterrà un giorno con l'uomo che avrà esaudito uno dei suoi desideri. Quando i giovani si avvicinano a lei con piacere, ella dovrà pensare a ciò che può ricavare da loro. Le possibili combinazioni dei guadagni e delle perdite sono: guadagno da un lato o perdita da tutti gli altri, perdita da un lato e guadagno da tutti gli altri; guadagno da tutti i lati e ugualmente perdita da tutti i lati. Una cortigiana deve tener conto dei dubbi sul guadagno e sulla perdita riguardo alla ricchezza, ai meriti religiosi e al piacere. I diversi tipi di cortigiane sono: Una mezzana. Una fantesca. Una donna corrotta. Una danzatrice. Una donna che ha lasciato la famiglia. Una donna che vive di quello che le rende la sua bellezza. La cortigiana vera e propria.

Tutti i tipi di cortigiane si uniscono con diversi tipi di uomini e devono conoscere il modo di ottenerne denaro, di soddisfarli e quello di separarsi e di riunirsi con loro. Esse, inoltre, devono tenere conto di particolari guadagni e particolari perdite, di guadagni e perdite contemporanee e sui dubbi, secondo le loro diverse condizioni. Si concludono così le riflessioni sulle cortigiane. Vi sono alcuni versi su questo argomento. «L'uomo desidera il piacere, la donna il denaro, quindi è necessario studiare la parte che tratta dei metodi con cui ottenere denaro». «Alcune donne cercano l'amore e altre il denaro; per le prime, nelle precedenti sezioni di quest'opera, sono stati esaminati i modi con cui fare l'amore; alle altre è dedicata invece questa sezione, che insegna i metodi con cui guadagnare denaro, scopo delle cortigiane».

PARTE SETTIMA

I modi per conquistare gli altri

1. COME ADORNARE LA PROPRIA PERSONA E CONQUISTARE I CUORI. RICETTE ESTETICHE E POZIONI AFRODISIACHE

Quando una persona non giunge a conquistare l'oggetto dei suoi desideri con i metodi descritti, allora deve servirsi di altri espedienti. I mezzi principali e più naturali per apparire piacevole agli altri sono il bell'aspetto, le buone qualità, la giovinezza e la generosità.

Ma quando questi mancano, l'uomo e la donna devono avvalersi di mezzi artificiali, e diamo qui delle ricette che possono essere utili. Una pomata ottenuta dalla «tabernamontana coronaria», dal «costus speciosus» o «arabicus» e dalla «flacourtia cataphracta», può essere utilizzata come unguento ornamentale.

Dalle piante che abbiamo elencato si può ricavare una polvere finissima che messa sullo stoppino di una lampada che brucia con olio di solfato di rame, produce un pigmento blu e nerofumo, che applicato sulle palpebre, rende graziose le persone.

Lo stesso effetto può essere ottenuto sul corpo, usando l'olio delle piante grasse, dell'«echites putescens», della «sarina», dell'amaranto giallo e della foglia della ninfea. Un risultato simile si può avere con un colorante nero ottenuto dalle stesse piante. Un uomo acquista un aspetto piacevole mangiando la polvere dei «nelumbrium speciosum», del loto blu e della «mesna roxburghii», mischiata con burro di latte di bufala e miele.

Utilizzando le suddette sostanze come unguento, miste alla «tabernamontana coronaria» e lo «xanthochymus pictorius», si hanno gli stessi effetti. L'osso di un pavone o di una iena, coperti d'oro e legati sulla mano destra di un uomo, lo faranno apparire bello. Si possono ottenere gli stessi effetti, legando ad una mano un rosario fatto di semi di giuggiola o di conchiglie marine, reso magico mediante gli incantesimi descritti nell'Atharvana Veda, o quelli di coloro che sono esperti nella magia.

Quando un'ancella entra nell'adolescenza, il suo padrone deve tenerla rinchiusa; e se gli uomini la desiderano ancora di più perché non può essere né vista né avvicinata, egli allora ne concederà la mano a colui che potrà renderla ricca e felice.

Questo è un metodo usato per accrescere il desiderio di una persona verso un'altra. Similmente, quando la figlia di una cortigiana, entra nell'adolescenza, la madre riunirà un certo numero di giovani che abbiano la stessa età, lo stesso carattere e la stessa cultura della figlia e dirà loro che ella sarà concessa in matrimonio a colui che le offrirà un certo tipo di doni.

Quindi la madre rinchiuderà la figlia il più a lungo possibile, e la darà in matrimonio a quello disposto a farle i regali richiesti. Tuttavia, se la madre non riuscirà a ottenere dall'uomo ciò che desidera, allora mostrerà alla figlia alcuni oggetti di sua proprietà, fingendo che sia stato lo sposo a donarli.

Oppure la madre può lasciare che la figlia si sposi in segreto facendo finta di non saper nulla della cosa, e dare il proprio consenso al matrimonio dopo che ne è venuta a conoscenza.

La figlia, a sua volta deve rendersi attraente agli occhi dei figli dei cittadini ricchi, sconosciuti a sua madre, e ottenere che si innamorino di lei. Ella, perciò, cercherà di incontrarli quando è tempo di apprendere il canto, in posti in cui si faccia della musica e a casa di altre persone, poi, tramite un'amica o una serva, chiederà a sua madre il permesso di unirsi con l'uomo che più le piace. Quando la figlia di una cortigiana viene data in matrimonio ad un uomo, i vincoli che ne derivano devono essere osservati per un anno, allo scadere del termine ella è libera di fare ciò che vuole.

Ma anche alla fine di tale anno, quando ella può essere impegnata o sposata con un altro uomo, se è invitata dal primo marito, deve passare la notte con lui, trascurando colui che è la sua attuale fonte di guadagno.

Questa è l'usanza del matrimonio provvisorio tra le cortigiane ed è il modo con cui si rendono più belle agli occhi degli altri. Ciò che è stato detto su di loro è valido anche per le figlie delle danzatrici, le cui madri le daranno solo agli uomini da cui possano ottenere, in un modo o in un altro, dei guadagni.

Questi sono i mezzi adoperati per rendersi attraenti agli occhi degli altri.

Nel caso che un uomo voglia accoppiarsi con una donna, per assoggettarla al suo potere, deve prima ungere il pene con un miscuglio ricavato dalla polvere del melo bianco spinoso, del peperoncino, del pepe nero e del miele.

Lo stesso risultato si ottiene applicando sul pene un miscuglio di foglie della pianta *vatodbhranta*, di fiori gettati su un cadavere umano che viene portato al rogo per essere bruciato e la polvere di ossa di pavone e dell'uccello *jiwanjiva*.

I resti di un nibbio morto naturalmente, ridotti in polvere e mescolati con *Cowach* e miele, servono allo stesso scopo.

Un uomo può soggiogare le donne alla propria volontà, ungendosi con una pomata ricavata dalla pianta «emblica myrabolans». Se un uomo taglia in piccoli pezzetti i germogli della pianta *vajnasunhi*, li immerge in una miscela di arsenico rosso e zolfo, li fa seccare per sette volte, e poi spalma sul pene la polvere mescolata con il miele, potrà sottomettere una donna alla sua volontà subito dopo aver iniziato il rapporto sessuale con lei;

inoltre avrà successo con qualsiasi donna se bruciando questi
teneri germogli di notte e osservando il fumo, vede una luna
d'oro; se invece getta su una vergine una piccola quantità della
polvere di questi germogli mista agli escrementi di una scimmia,
ella non verrà concessa in matrimonio a nessun altro.

Un altro metodo per conquistare le donne è quello di condire
le radici di spigolo, tagliuzzate in pezzetti minuscoli, con olio di
mango, riporle poi per sei mesi in un buco scavato nel tronco di
un albero *sisu*, e, dopo averle estratte allo scadere del tempo, farne
un unguento da spalmare sul pene.

Se si immergono le ossa di un cammello nel succo di «eclipta
prostata» e poi si bruciano e la polvere nera delle ceneri viene
riposta in una scatola ricavata da ossa di cammello, e applicata
poi, mista ad antimonio, sulle palpebre per mezzo di un pennello
anch'esso ricavato da ossa di cammello, questa polvere purissima
e salutare per le palpebre, permette a chi ne fa uso di assoggettare
a sé gli altri. Lo stesso risultato si può ottenere facendo uso della
polvere nera delle ossa degli avvoltoi, dei falchi e dei pavoni.
Questi sono i metodi per soggiogare gli altri al proprio volere.

Le seguenti ricette sono usate per accrescere il vigore sessuale.

Un uomo che beve latte e zucchero, il succo della radice delle
piante «uchchata», della «chaba» e della liquirizia, acquista una
grande forza sessuale.

Lo stesso effetto si ha bevendo latte e zucchero dopo avervi
bollito insieme il testicolo di un ariete e di un caprone.

Bere il succo dell'«hedysarum gangeticum», del «kuili» e della
pianta «kishirika», misto al latte, dà l'identico vigore.

Lo stesso risultato si può ottenere pestando finemente insieme
e mescolandoli con il latte, i semi di peperoncino e i semi del-
l'«hedysarum gangeticum» e della «sanseviera roxburghiana».

Gli antichi autori affermano che se un uomo trita finemente
insieme i semi delle radici della «trapa bispinosa», della «kasurika», del gelsomino toscano, della liquirizia, con la kshirakapoli e
mescola questa polvere con il latte di bufala e miele, e dopo aver
fatto bollire la miscela a fuoco moderato, beve il liquido denso
che si ottiene, egli potrà unirsi sessualmente con un grande
numero di donne. Se un uomo unisce del riso con uova di passero,
e dopo aver fatto bollire nel latte questa miscela, vi aggiunge
burro ottenuto dal latte di bufala e miele, e ne beve una dose
necessaria, otterrà lo stesso risultato. Si dice che un uomo potrà
godere di molte donne se prende le scorze esterne dei semi di
sesamo, le unisce con uova di passero, le fa bollire nel latte misto
con lo zucchero, burro di latte di bufala e fiori della «trapa
bispinosa» e della «kasurika», vi aggiunge farina di grano e di
fagioli, e infine beve il composto ricavato. Il miscuglio di burro di
latte di bufala, miele, zucchero e liquirizia di uguale quantità,
mescolato con succo di finocchio e latte, è sacro, dà forza sessuale,
conserva l'uomo a lungo ed è di gusto dolce. Gli stessi risultati si
ottengono bevendo, in primavera, il liquido denso ricavato dal

latte bollito con zucchero e burro e latte di bufala, con l'«asparagus racemosus», con la pianta «shvadaushtra», con la pianta «gaduchi», il peperoncino e la liquirizia.

L'identico risultato si ha bevendo un composto ottenuto facendo bollire in acqua l'«asparagus racemosus», la pianta «shvadaushtra» e i frutti pestati della «premna spinosa».

Si dice che sia salutare, doni forza e sia anche di gusto, bere in primavera di mattina il burro di latte di bufala bollito, oppure del burro liquido scremato. Prendere ogni mattina, al risveglio, una porzione di composto ottenuto mescolando, in parti uguali, la polvere dei semi della pianta «shvadaushtra» e dei fiori dell'orzo; dà gli stessi risultati della ricetta precedente. Vi sono alcuni versi su ciò che è stato descritto:

«I mezzi per far nascere l'amore e per accrescere il vigore sessuale si devono imparare dalle scienze mediche, dai *Veda*, dalle persone esperte nelle arti magiche e da amici fidati. Non bisogna tentare nessun mezzo dei cui effetti non si possa essere certi, i cui risultati possono provocare danni al corpo, che richiedono la morte di animali e che portino l'uomo ad avere contatti con cose impure. Bisogna servirsi solo di quelli ritenuti sacri e salutari, approvati dai bramini e dagli amici».

2. I METODI PER «INNESCARE» IL DESIDERIO. ESPEDIENTI E RICETTE DI VARIA NATURA

Quando un uomo non riesce ad appagare una donna Hastini o una donna Elefante, ricorrerà a vari metodi per eccitarla. Prima di iniziare l'unione egli accarezzerà con la mano e con le dita la vulva della donna fino a quando ella inizierà ad eccitarsi e a provare piacere, dopo darà inizio al vero e proprio rapporto.

Questo è uno dei metodi con cui si può eccitare una donna.

Egli può anche servirsi di alcuni *Apadravya*, oggetti che vengono applicati sul pene o intorno ad esso, per accrescerne la lunghezza o la larghezza in modo che si adatti alla vagina. Secondo quanto afferma Babhrayva, questi Apadravya dovrebbero essere d'oro, d'argento, o rame, ferro, avorio, corno di bufalo, di legno di vario genere, di stagno o di piombo, dovrebbero essere morbidi e freddi, dovrebbero accrescere il vigore sessuale ed essere adatti allo scopo. Vatsyayana, invece, sostiene che essi devono essere fatti secondo il desiderio di ogni individuo.

Diversi tipi di Apadravya. Il «braccialetto» o Valaya deve essere della stessa lunghezza del pene e la sua superficie esterna deve essere resa ruvida mediante dei globuli. La «coppia» o Sanghati è formata di due braccialetti.

Il «bracciale» o Chudaka si ottiene unendo tre o più braccialetti fino a raggiungere la lunghezza desiderata. Il «bracciale singolo» si ha avvolgendo un unico filo metallico attorno al pene, secondo le sue dimensioni. Il «Kantuka» o «Jalaka» è un tubo con le due estremità aperte, e un foro che lo attraversa, ruvido all'esterno e munito di globuli morbidi, fatto in modo da adattarsi alla vagina, e legato alla vita.

Quando non è possibile procurarsi questo oggetto, si può adoperare un tubo ottenuto dal legno di un melo, dallo stelo tubolare di una zucca, o da una canna ammorbidita con olii ed estratti di piante; esso viene fissato alla vita con dei lacci. Si può utilizzare anche una fila di morbidi pezzi di legno legati insieme.

Tutti questi oggetti possono essere utilizzati insieme o al posto del pene. I popoli dei paesi meridionali credono che non si possa provare un vero piacere sessuale senza bucare il pene; per questo essi lo bucano come i lobi delle orecchie dei bambini e poi applicano ai fori gli orecchini. Un giovane deve forare il suo pene con uno strumento appuntito e restare in piedi nell'acqua fin quando il sangue continua a colare; la notte poi dovrà impegnarsi con grande vigore in un rapporto sessuale, per pulire il foro. In seguito continuerà a lavare il foro con decotti e ne accrescerà le dimensioni inserendovi piccoli pezzi di canna e la «wrightia antidysenterica», allargando pian piano il buco. Questo può essere lavato anche con liquirizia unita al miele e può essere allargato con gli steli dei frutti della pianta «simpatra», può essere unto con piccole dosi di olio.

Nel foro del pene l'uomo può inserire Apadravya di varie conformazioni, «rotondo», «rotondo da un lato», il «mortaio di legno», il «fiore», il «braccialetto», «d'osso dell'airone», la «proboscide dell'elefante», il «gruppo delle otto palle», la «ciocca dei capelli», il «luogo di incontro delle quattro strade» o altri oggetti, il cui nome dipende dalla forma e dal modo in cui devono venire utilizzati. Tutti questi Apadravya devono essere ruvidi verso l'esterno, secondo le necessità.

Ora passiamo a esaminare i vari metodi con cui aumentare le dimensioni del pene. Quando un uomo vuole rendere più grande il pene, deve strofinarlo con setole di insetti che vivono sugli alberi; ungerlo con olio per dieci giorni e poi strofinarlo di nuovo; così facendo il pene subirà gradualmente un rigonfiamento; quindi l'uomo si distenderà su un letto a dondolo, inserendo il suo organo in un foro praticato su di esso. Il dolore, causato dal gonfiore, potrà essere lenito usando decotti freddi. Questo tipo di rigonfiamento è detto «Suka» ed è spesso praticato dal popolo del paese Dravida e dura per tutta la vita.

Se il pene viene strofinato con la pianta «hasticharma» e col succo della pianta «physalis flexuosa», la «shavarakandala», la «jalasuka», con il frutto della melanzana, col burro di latte di bufala, con la pianta «vajra-rasa», si manifesta un gonfiore che rimane un mese.

Strofinando il pene con olio bollito nel decotto delle sostanze menzionate, si otterrà lo stesso risultato, ma durerà sei mesi.

Le dimensioni dell'organo possono essere accresciute strofinando o bagnandolo con olio fatto bollire a fuoco moderato con i semi di melograno e del cetriolo, con il succo della pianta «valuka», della «hasti-charma» e della melanzana.

Altri metodi si possono imparare da persone esperte o con cui si sia in rapporti confidenziali.

Esperimenti e ricette varie. *a*) Se un uomo unisce la polvere di una pianta dal siero lattiginoso e della pianta «kantaka» con gli escrementi di una scimmia e getta tale miscela addosso ad una donna, ella non potrà amare nessuno.

b) Se un uomo fa rapprendere il succo dei frutti della «cassia fistula» e della «eugenia jambolina» mescolandoli insieme con la polvere della pianta «soma», della «vernonia anthelmintica», della «eclipta prostata» e della «lohopa-jihrika» e introduce questo preparato nella vagina di una donna con cui inizia un rapporto sessuale, il suo amore per lei sarà distrutto.

c) Lo stesso risultato si ottiene se un uomo ha un rapporto sessuale con una donna che ha fatto il bagno nel siero del latte di bufala unito alla polvere della pianta «gopalika», della pianta «bana-padika» e dell'amaranto giallo.

d) Una donna non sarà più amata dal marito se si serve di un unguento fatto con i fiori della «nauclea cadamba», coi fiori del susino e con i fiori della «eugenia jambolana».

e) Una donna raggiunge lo stesso scopo se indossa ghirlande fatte con i fiori appena menzionati.

f) Per contrarre la vagina di una donna Hastini o di una donna Elefante, si può utilizzare un unguento ottenuto col frutto della «asteracantha longifolia».

g) Per allargare la vagina di una donna Mrigi o Cerbiatta, si può usare l'unguento ricavato pestando le radici del «nelumbrium speciosum» e del loto blu, la polvere della «physalis flexuosa» unita a burro di latte di bufala e miele.

h) Per sbiancare i capelli si può usare l'unguento ottenuto immergendo il frutto dell'«emblica myrabolana» nel siero lattiginoso della pianta «soma», della «calotropis gigantea» e nel succo del frutto della «vernonia anthelmintica».

i) Per far crescere i capelli si deve usare la lozione ottenuta dal succo delle radici della «madayantaka», dell'amaranto giallo, della «anjanika», della «clitoria ternaeea» e della «shlasknaparni».

j) Un unguento preparato facendo bollire nell'olio le radici delle piante appena elencate e strofinato sui capelli, li renderà neri e farà ricrescere quelli caduti.

k) Se la lacca viene saturata sette volte nel sudore del testicolo di un cavallo bianco e viene spalmata su un labbro rosso, esso diverrà bianco.

l) Si può riacquistare il colore della labbra utilizzando la pianta «madayantika» e le altre piante suddette.

m) Una donna che ascolta il suono di uno strumento a fiato unto con il succo della «bahupadika», della «tabernamontana coronaria», del «costus speciosus», del «costus arabicus», della «pinus deodora», della «euphorbia antiquorum» e della «kantaka», diviene schiava.

n) Mescolando il cibo con il frutto della mela spinosa si provoca un'intossicazione.

o) Mescolando l'acqua con olio e ceneri di ogni tipo di erbe, ad eccezione dell'erba «kusha», essa diventa del colore del latte.

p) Se la «myrabolans» gialla, il susino, la pianta «shrawana» e la pianta «priyangu» vengono pestate finemente insieme e spalmate in vasetti e recipienti di ferro, questi diventano rossi.

q) Se una lampada, alimentata con olio estratto dalla «shrawana» e della «priyangu», con lo stoppino fatto di stoffa e delle spoglie di pelle di serpente, viene accostata a lunghi pezzi di legno, essi somiglieranno a serpenti.

r) Bere il latte di una mucca bianca con un vitello bianco ai piedi è di buon augurio, reca fama e conserva a lungo la vita. Lo stesso risultato ha la benedizione dei venerabili bramini.

Per terminare ecco alcuni versi; «Così ho illustrato con poche parole la *Scienza dell'amore* dopo aver letto i testi di antichi autori e rispettando i metodi di godimento in essi descritti».

«Colui che conosce i veri princìpi di questa scienza, agisce osservando i precetti del Dharma, dell'Artha e del Kama, secondo le esperienze personali e gli insegnamenti di altri e non seguendo l'impulso dei propri desideri. Io stesso, dopo averli elencati, ho subito cancellato e proibito gli errori, che in qualità di scrittore e di mia volontà posso aver introdotto nella mia opera sulla scienza dell'amore».

«Non si deve mai giustificare un'azione solo perché essa è permessa dalla scienza, poiché è necessario considerare che è la scienza stessa a esigere che le sue leggi vengano seguite solo in particolari circostanze. Dopo aver letto e approfondito le opere di Babhravya e di altri antichi autori e dopo aver meditato sul significato dei precetti in esse contenuti, venne scritto il Kamasutra, da Vatsyayana, secondo gli insegnamenti della Sacra Scrittura, a beneficio dell'umanità, nel periodo in cui egli era studente religioso completamente dedito alla contemplazione della Divinità».

«Non è nelle mie intenzioni che quest'opera venga usata solo come strumento per appagare i nostri desideri. Una persona che conosca i veri princìpi di questa scienza e che rispetti i suoi Dharma, Artha e Kama e che abbia sempre presenti le usanze del popolo, avrà sicuramente il pieno controllo dei suoi istinti».

«In breve, una persona intelligente e saggia, che pratichi il Dharma, l'Artha e il Kama senza divenire schiavo delle passioni, raggiunge il successo in ogni sua impresa».

APPENDICE

Alalya, moglie del saggio Gautama. Indra la possedette facendosi credere Gautama. Fu maledetto dal marito e in conseguenza di ciò afflitto da migliaia di ulcere su tutto il corpo. *Artha*, raggiungimento di ricchezze e di beni. *Bali*, demone che aveva vinto Indra, conquistandone il trono, ma che fu scacciato da Vishnu durante la sua quinta incarnazione. *Caste sociali*, Bramini, o casta dei sacerdoti, Kshatrya o casta guerriera, Vaishya o casta agricola o dei mercanti, Shudra o casta dei servi. *Dharma*, acquisizione di meriti religiosi. *Dio Kama*, il Cupido indiano. *Donna pubblica o cortigiana* degli antichi indiani, simile alla etera dei Greci. Persona educata al fine di intrattenere gli uomini grazie alle qualità individuali e spirituali. *Gandharva*, forma di matrimonio riconosciuta dagli antichi Indu, che prende il nome dai Gandharva, ministri celesti della corte di Indra, considerati testimoni del rito. *Kama*, è l'amore, il godimento e il soddisfacimento sessuale. *Kanchukiya*, nome dato in antichità alle serve degli appartamenti reali, poiché erano solite coprirsi il seno con un drappo chiamato Kanchuki. *Kichaka*, era il cognato del re Virata, ucciso da Bhima. *Lockayatika*, materialisti che ritenevano che un uccello in mano valesse quanto due nel cespuglio. *Mahallika*, termine che designa le donne che servivano nell'harem. *Mahallarika*, donna superiore, nome dato alle donne che erano a capo degli altri domestici della casa. *Nayika*, ogni donna con cui è lecito fare l'amore senza peccare. *Pithamarda*, una sorta di professionista di tutte le arti e come tale ricevuto dai cittadini come amico e confidente. *Sankutala*, l'eroina di uno dei migliori drammi indiani. *Saraswati*, dea protettrice delle belle arti, specialmente della musica e della retorica, inventrice della lingua Sanscrita. È la dea dell'armonia, dell'eloquenza e della lingua e in molte cose ricorda la dea romana Minerva. *Udakakashvedika*, sport acquatico. *Vatshakari*, una donna le cui palme delle mani e dei piedi siano sempre sudate. *Vidushaka*, giullare, compagno di un principe o di un uomo di alto lignaggio, che spesso è un bramino. *Vita*, simile al personaggio della commedia greca, vive in casa di persone ricche ed è utilizzato come piacevole compagnia.

Indice

Tascabili Economici Newton, sezione dei Paperbacks
Pubblicazione settimanale, 3 aprile 1993
Direttore responsabile: G.A. Cibotto
Registrazione del Tribunale di Roma n. 16024 del 27 agosto 1975
Fotocomposizione: Photosistem s.r.l., Roma
Stampato per conto della Newton Compton editori s.r.l., Roma
presso la Rotolito Lombarda S.p.A., Pioltello (MI)
Distribuzione nazionale per le edicole: A. Pieroni s.r.l.
Viale Vittorio Veneto 28 - 20124 Milano - telefono 02-29000221
telex 332379 PIERON I - telefax 02-6597865
Consulenza diffusionale: Eagle Press s.r.l., Roma

In copertina: *Fantasia d'amore a lume di candela*
Miniatura proveniente da Jaipur

Titolo originale: *Kāmasūtra*
Traduzione di Sergio Paoli

Terza edizione: aprile 1993
Tascabili Economici Newton
Divisione della Newton Compton editori s.r.l.
© 1992 Newton Compton editori s.r.l.
Roma, Casella postale 6214

ISBN 88-7983-083-X

Stampato su carta Tambulky della Cartiera di Anjala
distribuita dalla Fennocarta s.r.l., Milano
Copertina stampata su cartoncino Perigord Mat della Papyro S.p.A.